大教育书馆
ESSENTIAL EDUCATION SERIES

着眼发展　科学保教

《3—6岁儿童学习与发展指南》导读

本书编写组　编写

江蘇鳳凰教育出版社
Phoenix Education Publishing, Ltd

图书在版编目(CIP)数据

着眼发展　科学保教 / 本书编写组编写. —南京：江苏凤凰教育出版社，2013.8(2019.6 重印)

ISBN 978-7-5499-3421-8

Ⅰ.①着…　Ⅱ.①本…　Ⅲ.①学前教育—教学参考资料
Ⅳ.①G613

中国版本图书馆 CIP 数据核字(2013)第 222014 号

书　　名	着眼发展　科学保教
编　　写	本书编写组
责任编辑	俞　婷　午新生
出版发行	江苏凤凰教育出版社(南京市湖南路 1 号凤凰广场 A 楼　邮编 210009)
网　　址	http://www.1088.com.cn
印　　刷	上海昌鑫龙印务有限公司(电话 021-52830308)
厂　　址	上海市金沙江路 1340 弄 14 号 A 区 8 号楼(邮编 200333)
开　　本	787mm×1092mm　1/16
印　　张	12.25
版　　次	2013 年 8 月第 1 版
	2019 年 6 月第 2 次印刷
书　　号	ISBN 978-7-5499-3421-8
定　　价	35.00 元
网店地址	http://jsfhjycbs.tmall.com
公 众 号	苏教服务(微信号：jsfhjyfw)
邮购电话	025-85406265,025-85400774,短信 02585420909
盗版举报	025-83658579

目录

3—6 岁儿童学习与发展指南 …………………… 教育部 1

说明 …………………… 3

一、健康 …………………… 4

二、语言 …………………… 10

三、社会 …………………… 15

四、科学 …………………… 20

五、艺术 …………………… 27

第一讲　努力推进学前教育的科学化 …………………… 虞永平 31

一、为什么要颁布《指南》 …………………… 33

二、《指南》的目标和结构 …………………… 42

第二讲 《指南》中的学习品质 …………………… 鄢超云 魏 婷 51

一、学习品质是什么 …………………… 53
二、为什么要强调学习品质 …………………… 55
三、学习品质包括什么 …………………… 56
四、学习品质的具体内容解读 …………………… 58
五、多彩光谱中的活动风格与学习品质 …………………… 66

第三讲 《指南》健康领域解读 …………………… 顾荣芳 71

一、学习和分析《指南》的实施要点 …………………… 73
二、学习和分析《指南》健康领域的具体条文 …………………… 79
三、关于《指南》中一些值得商榷的地方 …………………… 84

第四讲 《指南》语言领域解读 …………………… 张金梅 85

一、正确理解“幼儿语言的学习与发展” …………………… 87
二、幼儿语言学习与发展的目标框架 …………………… 91
三、建构幼儿语言的交往环境 …………………… 97

第五讲 《指南》社会领域解读 ………………………………… 刘晶波 103

一、"社会性发展"的概念与《指南》中社会领域内容概述 ……………………… 105
二、关于幼儿社会性养成的关键命题解析 ……………………………………… 107
三、幼儿所经历的人际关系与《指南》中的相关建议 …………………………… 109
四、实施《指南》过程中的注意事项 ……………………………………………… 112

第六讲 《指南》科学领域解读 ………………………………… 张 俊 115

一、科学领域概述 ………………………………………………………………… 117
二、科学探究部分的目标解读 …………………………………………………… 118
三、数学认知部分的目标解读 …………………………………………………… 125

第七讲 《指南》艺术领域解读 ……………………… 孔起英 许卓娅 133

一、整体把握《指南》艺术领域的基本精神和主要内容 ………………………… 135
二、以美术为例,解读儿童"审美感受与欣赏"的特点以及教师的支持性策略 … 141
三、以音乐为例,解读艺术领域中"表现与创作"的运用 ………………………… 145

第八讲 《指南》与科学观察幼儿 ……………………………… 邱学青 153

一、《指南》提供了观察了解幼儿的参照 …………………………………………… 155
二、设计或选择符合《指南》精神的观察工具 ……………………………………… 158
三、运用观察工具实施观察 …………………………………………………………… 162
四、按照《指南》要求分析并利用观察结果 ………………………………………… 168

第九讲 运用《指南》做好家长工作 ……………………… 孔起英 吴邵萍 177

一、从理论层面解读,为什么要运用《指南》做好家长工作 ………………………… 179
二、从实践层面解读,如何运用《指南》做好家长工作 ……………………………… 182
三、持续互动,深化理解 ……………………………………………………………… 187

3—6 岁儿童学习与发展指南

教育部

2012 年 9 月

说　明

一、为深入贯彻《国家中长期教育改革和发展规划纲要（2010—2020 年）》和《国务院关于当前发展学前教育的若干意见》（国发〔2010〕41 号），指导幼儿园和家庭实施科学的保育和教育，促进幼儿身心全面和谐发展，制定《3—6 岁儿童学习与发展指南》（以下简称《指南》）。

二、《指南》以为幼儿后继学习和终身发展奠定良好素质基础为目标，以促进幼儿体、智、德、美各方面的协调发展为核心，通过提出 3—6 岁各年龄段儿童学习与发展目标和相应的教育建议，帮助幼儿园教师和家长了解 3—6 岁幼儿学习与发展的基本规律和特点，建立对幼儿发展的合理期望，实施科学的保育和教育，让幼儿度过快乐而有意义的童年。

三、《指南》从健康、语言、社会、科学、艺术五个领域描述幼儿的学习与发展。每个领域按照幼儿学习与发展最基本、最重要的内容划分为若干方面。每个方面由学习与发展目标和教育建议两部分组成。

目标部分分别对 3—4 岁、4—5 岁、5—6 岁三个年龄段末期幼儿应该知道什么，能做什么，大致可以达到什么发展水平提出了合理期望，指明了幼儿学习与发展的具体方向；教育建议部分列举了一些能够有效帮助和促进幼儿学习与发展的教育途径与方法。

四、实施《指南》应把握以下几个方面：

1. 关注幼儿学习与发展的整体性。儿童的发展是一个整体，要注重领域之间、目标之间的相互渗透和整合，促进幼儿身心全面协调发展，而不应片面追求某一方面或几方面的发展。

2. 尊重幼儿发展的个体差异。幼儿的发展是一个持续、渐进的过程，同时也表现出一定的阶段性特征。每个幼儿在沿着相似进程发展的过程中，各自的发展速度和到达某一水平的时间不完全相同。要充分理解和尊重幼儿发展进程中的个别差异，支持和引导他们从原有水平向更高水平发展，按照自身的速度和方式到达《指南》所呈现的发展“阶梯”，切忌用一把“尺子”衡量所有幼儿。

3. 理解幼儿的学习方式和特点。幼儿的学习是以直接经验为基础，在游戏和日常生活中进行的。要珍视游戏和生活的独特价值，创设丰富的教育环境，合理安排一日生活，最大限度地支持和满足幼儿通过直接感知、实际操作和亲身体验获取经验的需要，严禁“拔苗助长”式的超前教育和强化训练。

4. 重视幼儿的学习品质。幼儿在活动过程中表现出的积极态度和良好行为倾向是终身学习与发展所必需的宝贵品质。要充分尊重和保护幼儿的好奇心和学习兴趣，帮助幼儿逐步养成积极主动、认真专注、不怕困难、敢于探究和尝试、乐于想象和创造等良好学习品质。忽视幼儿学习品质的培养，单纯追求知识技能学习的做法是短视而有害的。

一、健康

健康是指人在身体、心理和社会适应方面的良好状态。幼儿阶段是儿童身体发育和机能发展极为迅速的时期，也是形成安全感和乐观态度的重要阶段。发育良好的身体、愉快的情绪、强健的体质、协调的动作、良好的生活习惯和基本生活能力是幼儿身心健康的重要标志，也是其他领域学习与发展的基础。

为有效促进幼儿身心健康发展，成人应为幼儿提供合理均衡的营养，保证充足的睡眠和适宜的锻炼，满足幼儿生长发育的需要；创设温馨的人际环境，让幼儿充分感受到亲情和关爱，形成积极稳定的情绪情感；帮助幼儿养成良好的生活与卫生习惯，提高自我保护能力，形成使其终身受益的生活能力和文明生活方式。

幼儿身心发育尚未成熟，需要成人的精心呵护和照顾，但不宜过度保护和包办代替，以免剥夺幼儿自主学习的机会，养成过于依赖的不良习惯，影响其主动性、独立性的发展。

(一) 身心状况

目标 1　具有健康的体态

3—4 岁	4—5 岁	5—6 岁
1. 身高和体重适宜。 参考标准： 男孩： 身高：94.9—111.7 厘米 体重：12.7—21.2 公斤 女孩： 身高：94.1—111.3 厘米 体重：12.3—21.5 公斤 2. 在提醒下能自然坐直、站直。	1. 身高和体重适宜。 参考标准： 男孩： 身高：100.7—119.2 厘米 体重：14.1—24.2 公斤 女孩： 身高：99.9—118.9 厘米 体重：13.7—24.9 公斤 2. 在提醒下能保持正确的站、坐和行走姿势。	1. 身高和体重适宜。 参考标准： 男孩： 身高：106.1—125.8 厘米 体重：15.9—27.1 公斤 女孩： 身高：104.9—125.4 厘米 体重：15.3—27.8 公斤 2. 经常保持正确的站、坐和行走姿势。

注：身高和体重数据来源：《2006 年世界卫生组织儿童生长标准》4、5、6 周岁儿童身高和体重的参考数据。

教育建议：

1. 为幼儿提供营养丰富、健康的饮食。如：

- 参照《中国孕期、哺乳期妇女和 0—6 岁儿童膳食指南》，为幼儿提供谷物、蔬菜、水果、肉、奶、蛋、豆制品等多样化的食物，均衡搭配。
- 烹调方式要科学，尽量少煎炸、烧烤、腌制。

2. 保证幼儿每天睡 11—12 小时，其中午睡一般应达到 2 小时左右。午睡时间可根据幼儿的年龄、季节的变化和个体差异适当减少。
3. 注意幼儿的体态，帮助他们形成正确的姿势。如：
   - 提醒幼儿要保持正确的站、坐、走姿势；发现有八字脚、罗圈腿、驼背等骨骼发育异常的情况，应及时就医矫治。
   - 桌、椅和床要合适。椅子的高度以幼儿写画时双脚能自然着地、大腿基本保持水平状为宜；桌子的高度以写画时身体能坐直，不驼背、不耸肩为宜；床不宜过软。
4. 每年为幼儿进行健康检查。

目标 2　情绪安定愉快

3—4 岁	4—5 岁	5—6 岁
1. 情绪比较稳定，很少因一点小事哭闹不止。 2. 有比较强烈的情绪反应时，能在成人的安抚下逐渐平静下来。	1. 经常保持愉快的情绪，不高兴时能较快缓解。 2. 有比较强烈的情绪反应时，能在成人提醒下逐渐平静下来。 3. 愿意把自己的情绪告诉亲近的人，一起分享快乐或求得安慰。	1. 经常保持愉快的情绪。知道引起自己某种情绪的原因，并努力缓解。 2. 表达情绪的方式比较适度，不乱发脾气。 3. 能随着活动的需要转换情绪和注意。

教育建议：

1. 营造温暖、轻松的心理环境，让幼儿形成安全感和信赖感。如：
   - 保持良好的情绪状态，以积极、愉快的情绪影响幼儿。
   - 以欣赏的态度对待幼儿。注意发现幼儿的优点，接纳他们的个体差异，不简单与同伴做横向比较。
   - 幼儿做错事时要冷静处理，不厉声斥责，更不能打骂。
2. 帮助幼儿学会恰当表达和调控情绪。如：
   - 成人用恰当的方式表达情绪，为幼儿做出榜样。如生气时不乱发脾气，不迁怒于人。
   - 成人和幼儿一起谈论自己高兴或生气的事，鼓励幼儿与人分享自己的情绪。
   - 允许幼儿表达自己的情绪，并给予适当的引导。如幼儿发脾气时不硬性压制，等其平静后告诉他什么行为是可以接受的。
   - 发现幼儿不高兴时，主动询问情况，帮助他们化解消极情绪。

目标 3　具有一定的适应能力

3—4 岁	4—5 岁	5—6 岁
1. 能在较热或较冷的户外环境中活动。 2. 换新环境时情绪能较快稳定，睡眠、饮食基本正常。 3. 在帮助下能较快适应集体生活。	1. 能在较热或较冷的户外环境中连续活动半小时以上。 2. 换新环境时较少出现身体不适。 3. 能较快适应人际环境中发生的变化。如换了新老师能较快适应。	1. 能在较热或较冷的户外环境中连续活动半小时以上。 2. 天气变化时较少感冒，能适应车、船等交通工具造成的轻微颠簸。 3. 能较快融入新的人际关系环境。如换了新的幼儿园或班级能较快适应。

教育建议：

1. 保证幼儿的户外活动时间，提高幼儿适应季节变化的能力。
   - 幼儿每天的户外活动时间一般不少于两小时，其中体育活动时间不少于 1 小时，季节交替时要坚持。
   - 气温过热或过冷的季节或地区应因地制宜，选择温度适当的时间段开展户外活动，也可根据气温的变化和幼儿的个体差异，适当减少活动的时间。
2. 经常与幼儿玩拉手转圈、秋千、转椅等游戏活动，让幼儿适应轻微的摆动、颠簸、旋转，促进其平衡机能的发展。
3. 锻炼幼儿适应生活环境变化的能力。如：
   - 注意观察幼儿在新环境中的饮食、睡眠、游戏等方面的情况，采取相应的措施帮助他们尽快适应新环境。
   - 经常带幼儿接触不同的人际环境，如参加亲戚朋友聚会，多和不熟悉的小朋友玩，使幼儿较快适应新的人际关系。

(二) 动作发展

目标 1　具有一定的平衡能力，动作协调、灵敏

3—4 岁	4—5 岁	5—6 岁
1. 能沿地面直线或在较窄的低矮物体上走一段距离。 2. 能双脚灵活交替上下楼梯。 3. 能身体平稳地双脚连续向前跳。 4. 分散跑时能躲避他人的碰撞。 5. 能双手向上抛球。	1. 能在较窄的低矮物体上平稳地走一段距离。 2. 能以匍匐、膝盖悬空等多种方式钻爬。 3. 能助跑跨跳过一定距离，或助跑跨跳过一定高度的物体。 4. 能与他人玩追逐、躲闪跑的游戏。 5. 能连续自抛自接球。	1. 能在斜坡、荡桥和有一定间隔的物体上较平稳地行走。 2. 能以手脚并用的方式安全地爬攀登架、网等。 3. 能连续跳绳。 4. 能躲避他人滚过来的球或扔过来的沙包。 5. 能连续拍球。

教育建议：

1. 利用多种活动发展身体平衡和协调能力。如：
   - 走平衡木，或沿着地面直线、田埂行走。
   - 玩跳房子、踢毽子、蒙眼走路、踩小高跷等游戏活动。
2. 发展幼儿动作的协调性和灵活性。如：
   - 鼓励幼儿进行跑跳、钻爬、攀登、投掷、拍球等活动。
   - 玩跳竹竿、滚铁环等传统体育游戏。
3. 对于拍球、跳绳等技能性活动，不要过于要求数量，更不能机械训练。
4. 结合活动内容对幼儿进行安全教育，注重在活动中培养幼儿的自我保护能力。

目标 2　具有一定的力量和耐力

3—4 岁	4—5 岁	5—6 岁
1. 能双手抓杠悬空吊起 10 秒左右。 2. 能单手将沙包向前投掷 2 米左右。 3. 能单脚连续向前跳 2 米左右。 4. 能快跑 15 米左右。 5. 能行走 1 公里左右(途中可适当停歇)。	1. 能双手抓杠悬空吊起 15 秒左右。 2. 能单手将沙包向前投掷 4 米左右。 3. 能单脚连续向前跳 5 米左右。 4. 能快跑 20 米左右。 5. 能连续行走 1.5 公里左右(途中可适当停歇)。	1. 能双手抓杠悬空吊起 20 秒左右。 2. 能单手将沙包向前投掷 5 米左右。 3. 能单脚连续向前跳 8 米左右。 4. 能快跑 25 米左右。 5. 能连续行走 1.5 公里以上(途中可适当停歇)。

教育建议：

1. 开展丰富多样、适合幼儿年龄特点的各种身体活动，如走、跑、跳、攀、爬等，鼓励幼儿坚持下来，不怕累。
2. 日常生活中鼓励幼儿多走路，少坐车；自己上下楼梯，自己背包。

目标 3　手的动作灵活协调

3—4 岁	4—5 岁	5—6 岁
1. 能用笔涂涂画画。 2. 能熟练地用勺子吃饭。 3. 能用剪刀沿直线剪，边线基本吻合。	1. 能沿边线较直地画出简单图形，或能沿边线基本对齐地折纸。 2. 会用筷子吃饭。 3. 能沿轮廓线剪出由直线构成的简单图形，边线吻合。	1. 能根据需要画出图形，线条基本平滑。 2. 能熟练使用筷子。 3. 能沿轮廓线剪出由曲线构成的简单图形，边线吻合且平滑。 4. 能使用简单的劳动工具或用具。

教育建议：

1. 创造条件和机会，促进幼儿手的动作灵活协调。如：
   - 提供画笔、剪刀、纸张、泥团等工具和材料，或充分利用各种自然、废旧材料和常见物品，让幼儿进行画、剪、折、粘等美工活动。
   - 引导幼儿生活自理或参与家务劳动，发展其手的动作。如练习自己用筷子吃饭、扣扣子，帮助家人择菜叶、做面食等。
   - 幼儿园在布置娃娃家、商店等活动区时，多提供原材料和半成品，让幼儿有更多机会参与制作活动。
2. 引导幼儿注意活动安全。如：
   - 为幼儿提供的塑料粒、珠子等活动材料要足够大，材质要安全，以免造成异物进入气管、铅中毒等伤害。提供幼儿用安全剪刀。
   - 为幼儿示范拿筷子、握笔的正确姿势以及使用剪刀、锤子等工具的方法。
   - 提醒幼儿不要拿剪刀等锋利工具玩耍，用完后要放回原处。

(三) 生活习惯与生活能力

目标 1　具有良好的生活与卫生习惯

3—4 岁	4—5 岁	5—6 岁
1. 在提醒下，按时睡觉和起床，并能坚持午睡。 2. 喜欢参加体育活动。 3. 在引导下，不偏食、挑食。喜欢吃瓜果、蔬菜等新鲜食品。 4. 愿意饮用白开水，不贪喝饮料。 5. 不用脏手揉眼睛，连续看电视等不超过 15 分钟。 6. 在提醒下，每天早晚刷牙，饭前便后洗手。	1. 每天按时睡觉和起床，并能坚持午睡。 2. 喜欢参加体育活动。 3. 不偏食、挑食，不暴饮暴食。喜欢吃瓜果、蔬菜等新鲜食品。 4. 常喝白开水，不贪喝饮料。 5. 知道保护眼睛，不在光线过强或过暗的地方看书，连续看电视等不超过 20 分钟。 6. 每天早晚刷牙，饭前便后洗手，方法基本正确。	1. 养成每天按时睡觉和起床的习惯。 2. 能主动参加体育活动。 3. 吃东西时细嚼慢咽。 4. 主动饮用白开水，不贪喝饮料。 5. 主动保护眼睛。不在光线过强或过暗的地方看书，连续看电视等不超过 30 分钟。 6. 每天早晚主动刷牙，饭前便后主动洗手，方法正确。

教育建议：

1. 让幼儿保持有规律的生活，养成良好的作息习惯。如：早睡早起、每天午睡、按时进餐、吃好早餐等。
2. 帮助幼儿养成良好的饮食习惯。如：
   - 合理安排餐点，帮助幼儿养成定点、定时、定量进餐的习惯。
   - 帮助幼儿了解食物的营养价值，引导他们不偏食不挑食，少吃或不吃不利于健康的食品；多喝白开水，少喝饮料。

● 吃饭时不过分催促，提醒幼儿细嚼慢咽，不要边吃边玩。

3. 帮助幼儿养成良好的个人卫生习惯。如：

● 早晚刷牙、饭后漱口。

● 勤为幼儿洗澡、换衣服、剪指甲。

● 提醒幼儿保护五官，如不乱挖耳朵、鼻孔，看电视时保持3米左右的距离等。

4. 激发幼儿参加体育活动的兴趣，养成锻炼的习惯。如：

● 为幼儿准备多种体育活动材料，鼓励他选择自己喜欢的材料开展活动。

● 经常和幼儿一起在户外运动和游戏，鼓励幼儿和同伴一起开展体育活动。

● 和幼儿一起观看体育比赛或有关体育赛事的电视节目，培养他对体育活动的兴趣。

目标2　具有基本的生活自理能力

3—4岁	4—5岁	5—6岁
1. 在帮助下能穿脱衣服或鞋袜。 2. 能将玩具和图书放回原处。	1. 能自己穿脱衣服、鞋袜，扣纽扣。 2. 能整理自己的物品。	1. 能知道根据冷热增减衣服。 2. 会自己系鞋带。 3. 能按类别整理好自己的物品。

教育建议：

1. 鼓励幼儿做力所能及的事情，对幼儿的尝试与努力给予肯定，不因做不好或做得慢而包办代替。

2. 指导幼儿学习和掌握生活自理的基本方法，如穿脱衣服和鞋袜、洗手洗脸、擦鼻涕、擦屁股的正确方法。

3. 提供有利于幼儿生活自理的条件。如：

● 提供一些纸箱、盒子，供幼儿收拾和存放自己的玩具、图书或生活用品等。

● 幼儿的衣服、鞋子等要简单实用，便于自己穿脱。

目标3　具备基本的安全知识和自我保护能力

3—4岁	4—5岁	5—6岁
1. 不吃陌生人给的东西，不跟陌生人走。 2. 在提醒下能注意安全，不做危险的事。 3. 在公共场所走失时，能向警察或有关人员说出自己和家长的名字、电话号码等简单信息。	1. 知道在公共场合不远离成人的视线单独活动。 2. 认识常见的安全标志，能遵守安全规则。 3. 运动时能主动躲避危险。 4. 知道简单的求助方式。	1. 未经大人允许不给陌生人开门。 2. 能自觉遵守基本的安全规则和交通规则。 3. 运动时能注意安全，不给他人造成危险。 4. 知道一些基本的防灾知识。

教育建议：

1. 创设安全的生活环境，提供必要的保护措施。如：

● 要把热水瓶、药品、火柴、刀具等物品放到幼儿够不到的地方；阳台或窗台要有安全保护措施;要使用安全的电源插座等。

- 在公共场所要注意照看好幼儿;幼儿乘车、乘电梯时要有成人陪伴;不把幼儿单独留在家里或汽车里等。

2. 结合生活实际对幼儿进行安全教育。如:

- 外出时,提醒幼儿要紧跟成人,不远离成人的视线,不跟陌生人走,不吃陌生人给的东西;不在河边和马路边玩耍;要遵守交通规则等。
- 帮助幼儿了解周围环境中不安全的事物,不做危险的事。如不动热水壶,不玩火柴或打火机,不摸电源插座,不攀爬窗户或阳台等。
- 帮助幼儿认识常见的安全标识。如:小心触电、小心有毒、禁止下河游泳、紧急出口等。
- 告诉幼儿不允许别人触摸自己的隐私部位。

3. 教给幼儿简单的自救和求救的方法。如:

- 记住自己家庭的住址、电话号码、父母的姓名和单位,一旦走失时知道向成人求助,并能提供必要的信息。
- 遇到火灾或其他紧急情况时,知道要拨打 110、120、119 等求救电话。
- 可利用图书、音像等材料对幼儿进行逃生和求救方面的教育,并运用游戏方式模拟练习。
- 幼儿园应定期进行火灾、地震等自然灾害的逃生演习。

二、语言

语言是交流和思维的工具。幼儿期是语言发展,特别是口语发展的重要时期。幼儿语言的发展贯穿于各个领域,也对其他领域的学习与发展有着重要的影响:幼儿在运用语言进行交流的同时,也在发展着人际交往能力、理解他人和判断交往情境的能力、组织自己思想的能力。通过语言获取信息,幼儿的学习逐步超越个体的直接感知。

幼儿的语言能力是在交流和运用的过程中发展起来的。应为幼儿创设自由、宽松的语言交往环境,鼓励和支持幼儿与成人、同伴交流,让幼儿想说、敢说、喜欢说并能得到积极回应。为幼儿提供丰富、适宜的低幼读物,经常和幼儿一起看图书、讲故事,丰富其语言表达能力,培养阅读兴趣和良好的阅读习惯,进一步拓展学习经验。

幼儿的语言学习需要相应的社会经验支持,应通过多种活动扩展幼儿的生活经验,丰富语言的内容,增强理解和表达能力。应在生活情境和阅读活动中引导幼儿自然而然地产生对文字的兴趣,用机械记忆和强化训练的方式让幼儿过早识字不符合其学习特点和接受能力。

(一) 倾听与表达

目标 1　认真听并能听懂常用语言

3—4 岁	4—5 岁	5—6 岁
1. 别人对自己说话时能注意听并做出回应。 2. 能听懂日常会话。	1. 在群体中能有意识地听与自己有关的信息。 2. 能结合情境感受到不同语气、语调所表达的不同意思。 3. 方言地区和少数民族幼儿能基本听懂普通话。	1. 在集体中能注意听老师或其他人讲话。 2. 听不懂或有疑问时能主动提问。 3. 能结合情境理解一些表示因果、假设等相对复杂的句子。

教育建议：

1. 多给幼儿提供倾听和交谈的机会。如：经常和幼儿一起谈论他感兴趣的话题，或一起看图书、讲故事。
2. 引导幼儿学会认真倾听。如：
   - 成人要耐心倾听别人(包括幼儿)的讲话，等别人讲完再表达自己的观点。
   - 与幼儿交谈时，要用幼儿能听得懂的语言。
   - 对幼儿提要求和布置任务时要求他注意听，鼓励他主动提问。
3. 对幼儿讲话时，注意结合情境使用丰富的语言，以便于幼儿理解。如：
   - 说话时注意语气、语调，让幼儿感受语气、语调的作用。如对幼儿的不合理要求以比较坚定的语气表示不同意；讲故事时，尽量把故事人物高兴、悲伤的心情用不同的语气、语调表现出来。
   - 根据幼儿的理解水平有意识地使用一些反映因果、假设、条件等关系的句子。

目标 2　愿意讲话并能清楚地表达

3—4 岁	4—5 岁	5—6 岁
1. 愿意在熟悉的人面前说话，能大方地与人打招呼。 2. 基本会说本民族或本地区的语言。 3. 愿意表达自己的需要和想法，必要时能配以手势动作。 4. 能口齿清楚地说儿歌、童谣或复述简短的故事。	1. 愿意与他人交谈，喜欢谈论自己感兴趣的话题。 2. 会说本民族或本地区的语言，基本会说普通话。少数民族聚居地区幼儿会用普通话进行日常会话。 3. 能基本完整地讲述自己的所见所闻和经历的事情。 4. 讲述比较连贯。	1. 愿意与他人讨论问题，敢在众人面前说话。 2. 会说本民族或本地区的语言和普通话，发音正确清晰。少数民族聚居地区幼儿基本会说普通话。 3. 能有序、连贯、清楚地讲述一件事情。 4. 讲述时能使用常见的形容词、同义词等，语言比较生动。

教育建议：

1. 为幼儿创造说话的机会并体验语言交往的乐趣。
   - 每天有足够的时间与幼儿交谈。如谈论他感兴趣的话题，询问和听取他对自己事情的意见等。
   - 尊重和接纳幼儿的说话方式，无论幼儿的表达水平如何，都应认真地倾听并给予积极的回应。
   - 鼓励和支持幼儿与同伴一起玩耍、交谈，相互讲述见闻、趣事或看过的图书、动画片等。
   - 方言和少数民族地区应积极为幼儿创设用普通话交流的语言环境。
2. 引导幼儿清楚地表达。如：
   - 和幼儿讲话时，成人自身的语言要清楚、简洁。
   - 当幼儿因为急于表达而说不清楚的时候，提醒他不要着急，慢慢说；同时要耐心倾听，给予必要的补充，帮助他理清思路并清晰地说出来。

目标 3　具有文明的语言习惯

3—4 岁	4—5 岁	5—6 岁
1. 与别人讲话时知道眼睛要看着对方。 2. 说话自然，声音大小适中。 3. 能在成人的提醒下使用恰当的礼貌用语。	1. 别人对自己讲话时能回应。 2. 能根据场合调节自己说话声音的大小。 3. 能主动使用礼貌用语，不说脏话、粗话。	1. 别人讲话时能积极主动地回应。 2. 能根据谈话对象和需要，调整说话的语气。 3. 懂得按次序轮流讲话，不随意打断别人。 4. 能依据所处情境使用恰当的语言。如在别人难过时会用恰当的语言表示安慰。

教育建议：

1. 成人注意语言文明，为幼儿做出表率。如：
   - 与他人交谈时，认真倾听，使用礼貌用语。
   - 在公共场合不大声说话，不说脏话、粗话。
   - 幼儿表达意见时，成人可蹲下来，眼睛平视幼儿，耐心听他把话说完。
2. 帮助幼儿养成良好的语言行为习惯。如：
   - 结合情境提醒幼儿一些必要的交流礼节。如对长辈说话要有礼貌，客人来访时要打招呼，得到帮助时要说谢谢等。
   - 提醒幼儿遵守集体生活的语言规则，如轮流发言，不随意打断别人讲话等。
   - 提醒幼儿注意公共场所的语言文明，如不大声喧哗。

(二)阅读与书写准备

目标1 喜欢听故事,看图书

3—4岁	4—5岁	5—6岁
1. 主动要求成人讲故事、读图书。 2. 喜欢跟读韵律感强的儿歌、童谣。 3. 爱护图书,不乱撕、乱扔。	1. 反复看自己喜欢的图书。 2. 喜欢把听过的故事或看过的图书讲给别人听。 3. 对生活中常见的标识、符号感兴趣,知道它们表示一定的意义。	1. 专注地阅读图书。 2. 喜欢与他人一起谈论图书和故事的有关内容。 3. 对图书和生活情境中的文字符号感兴趣,知道文字表示一定的意义。

教育建议:

1. 为幼儿提供良好的阅读环境和条件。如:
   - 提供一定数量、符合幼儿年龄特点、富有童趣的图画书。
   - 提供相对安静的地方,尽量减少干扰,保证幼儿自主阅读。
2. 激发幼儿的阅读兴趣,培养阅读习惯。如:
   - 经常抽时间与幼儿一起看图书、讲故事。
   - 提供童谣、故事和诗歌等不同体裁的儿童文学作品,让幼儿自主选择和阅读。
   - 当幼儿遇到感兴趣的事物或问题时,和他一起查阅图书资料,让他感受图书的作用,体会通过阅读获取信息的乐趣。
3. 引导幼儿体会标识、文字符号的用途。如:
   - 向幼儿介绍医院、公用电话等生活中的常见标识,让他知道标识可以代表具体事物。
   - 结合生活实际,帮助幼儿体会文字的用途。如买来新玩具时,把说明书上的文字念给幼儿听,了解玩具的玩法。

目标2 具有初步的阅读理解能力

3—4岁	4—5岁	5—6岁
1. 能听懂短小的儿歌或故事。 2. 会看画面,能根据画面说出图中有什么,发生了什么事等。 3. 能理解图书上的文字是和画面对应的,是用来表达画面意义的。	1. 能大体讲出所听故事的主要内容。 2. 能根据连续画面提供的信息,大致说出故事的情节。 3. 能随着作品的展开产生喜悦、担忧等相应的情绪反应,体会作品所表达的情绪情感。	1. 能说出所阅读的幼儿文学作品的主要内容。 2. 能根据故事的部分情节或图书画面的线索猜想故事情节的发展,或续编、创编故事。 3. 对看过的图书、听过的故事能说出自己的看法。 4. 能初步感受文学语言的美。

教育建议：

1. 经常和幼儿一起阅读，引导他以自己的经验为基础理解图书的内容。如：
    - 引导幼儿仔细观察画面，结合画面讨论故事内容，学习建立画面与故事内容的联系。
    - 和幼儿一起讨论或回忆书中的故事情节，引导他有条理地说出故事的大致内容。
    - 在给幼儿读书或讲故事时，可先不告诉名字，让幼儿听完后自己命名，并说出这样命名的理由。
    - 鼓励幼儿自主阅读，并与他人讨论自己在阅读中的发现、体会和想法。
2. 在阅读中发展幼儿的想象和创造能力。如：
    - 鼓励幼儿依据画面线索讲述故事，大胆推测、想象故事情节的发展，改编故事部分情节或续编故事结尾。
    - 鼓励幼儿用故事表演、绘画等不同的方式表达自己对图书和故事的理解。
    - 鼓励和支持幼儿自编故事，并为自编的故事配上图画，制成图画书。
3. 引导幼儿感受文学作品的美。如：
    - 有意识地引导幼儿欣赏或模仿文学作品的语言节奏和韵律。
    - 给幼儿读书时，通过表情、动作和抑扬顿挫的声音传达书中的情绪情感，让幼儿体会作品的感染力和表现力。

目标 3　具有书面表达的愿望和初步技能

3—4 岁	4—5 岁	5—6 岁
喜欢用涂涂画画表达一定的意思。	1. 愿意用图画和符号表达自己的愿望和想法。 2. 在成人提醒下，写写画画时姿势正确。	1. 愿意用图画和符号表现事物或故事。 2. 会正确书写自己的名字。 3. 写画时姿势正确。

教育建议：

1. 让幼儿在写写画画的过程中体验文字符号的功能，培养书写兴趣。如：
    - 准备供幼儿随时取放的纸、笔等材料，也可利用沙地、树枝等自然材料，满足幼儿自由涂画的需要。
    - 鼓励幼儿将自己感兴趣的事情或故事画下来并讲给别人听，让幼儿体会写写画画的方式可以表达自己的想法和情感。
    - 把幼儿讲过的事情用文字记录下来，并念给他听，使幼儿知道说的话可以用文字记录下来，从中体会文字的用途。

2. 在绘画和游戏中做必要的书写准备。如：

- 通过把虚线画出的图形轮廓连成实线等游戏，促进手眼协调，同时帮助幼儿学习由上至下、由左至右的运笔技能。
- 鼓励幼儿学习书写自己的名字。
- 提醒幼儿写画时保持正确姿势。

三、社会

幼儿社会领域的学习与发展过程是其社会性不断完善并奠定健全人格基础的过程。人际交往和社会适应是幼儿社会学习的主要内容，也是其社会性发展的基本途径。幼儿在与成人和同伴交往的过程中，不仅学习如何与人友好相处，也在学习如何看待自己、对待他人，不断发展适应社会生活的能力。良好的社会性发展对幼儿身心健康和其他各方面的发展都具有重要影响。

家庭、幼儿园和社会应共同努力，为幼儿创设温暖、关爱、平等的家庭和集体生活氛围，建立良好的亲子关系、师生关系和同伴关系，让幼儿在积极健康的人际关系中获得安全感和信任感，发展自信和自尊，在良好的社会环境及文化的熏陶中学会遵守规则，形成基本的认同感和归属感。

幼儿的社会性主要是在日常生活和游戏中通过观察和模仿潜移默化地发展起来的。成人应注重自己言行的榜样作用，避免简单生硬的说教。

（一）人际交往

目标 1　愿意与人交往

3—4 岁	4—5 岁	5—6 岁
1. 愿意和小朋友一起游戏。 2. 愿意与熟悉的长辈一起活动。	1. 喜欢和小朋友一起游戏，有经常一起玩的小伙伴。 2. 喜欢和长辈交谈，有事愿意告诉长辈。	1. 有自己的好朋友，也喜欢结交新朋友。 2. 有问题愿意向别人请教。 3. 有高兴的或有趣的事愿意与大家分享。

教育建议：

1. 主动亲近和关心幼儿，经常和他一起游戏或活动，让幼儿感受到与成人交往的快乐，建立亲密的亲子关系和师生关系。
2. 创造交往的机会，让幼儿体会交往的乐趣。如：

- 利用走亲戚、到朋友家做客或有客人来访的时机，鼓励幼儿与他人接触和交谈。

● 鼓励幼儿参加小朋友的游戏，邀请小朋友到家里玩，感受有朋友一起玩的快乐。
● 幼儿园应多为幼儿提供自由交往和游戏的机会，鼓励他们自主选择、自由结伴开展活动。

目标 2 能与同伴友好相处

3—4 岁	4—5 岁	5—6 岁
1. 想加入同伴的游戏时，能友好地提出请求。 2. 在成人指导下，不争抢、不独霸玩具。 3. 与同伴发生冲突时，能听从成人的劝解。	1. 会运用介绍自己、交换玩具等简单技巧加入同伴游戏。 2. 对大家都喜欢的东西能轮流分享。 3. 与同伴发生冲突时，能在他人帮助下和平解决。 4. 活动时愿意接受同伴的意见和建议。 5. 不欺负弱小。	1. 能想办法吸引同伴和自己一起游戏。 2. 活动时能与同伴分工合作，遇到困难能一起克服。 3. 与同伴发生冲突时能自己协商解决。 4. 知道别人的想法有时和自己不一样，能倾听和接受别人的意见，不能接受时会说明理由。 5. 不欺负别人，也不允许别人欺负自己。

教育建议：

1. 结合具体情境，指导幼儿学习交往的基本规则和技能。如：
   ● 当幼儿不知怎样加入同伴游戏，或提出请求不被接受时，建议他拿出玩具邀请大家一起玩；或者扮成某个角色加入同伴的游戏。
   ● 对幼儿与别人分享玩具、图书等行为给予肯定，让他对自己的表现感到高兴和满足。
   ● 当幼儿与同伴发生矛盾或冲突时，指导他尝试用协商、交换、轮流玩、合作等方式解决冲突。
   ● 利用相关的图书、故事，结合幼儿的交往经验，和他讨论什么样的行为受大家欢迎，想要得到别人的接纳应该怎样做。
   ● 幼儿园应多为幼儿提供需要大家齐心协力才能完成的活动，让幼儿在具体活动中体会合作的重要性，学习分工合作。
2. 结合具体情境，引导幼儿换位思考，学习理解别人。如：
   ● 幼儿有争抢玩具等不友好行为时，引导他们想想："假如你是那个小朋友，你有什么感受？"让幼儿学习理解别人的想法和感受。
3. 和幼儿一起谈谈他的好朋友，说说喜欢这个朋友的原因，引导他多发现同伴的优点、长处。

目标3　具有自尊、自信、自主的表现

3—4岁	4—5岁	5—6岁
1. 能根据自己的兴趣选择游戏或其他活动。 2. 为自己的好行为或活动成果感到高兴。 3. 自己能做的事情愿意自己做。 4. 喜欢承担一些小任务。	1. 能按自己的想法进行游戏或其他活动。 2. 知道自己的一些优点和长处，并对此感到满意。 3. 自己的事情尽量自己做，不愿意依赖别人。 4. 敢于尝试有一定难度的活动和任务。	1. 能主动发起活动或在活动中出主意、想办法。 2. 做了好事或取得了成功后还想做得更好。 3. 自己的事情自己做，不会的愿意学。 4. 主动承担任务，遇到困难能够坚持而不轻易求助。 5. 与别人的看法不同时，敢于坚持自己的意见并说出理由。

教育建议：

1. 关注幼儿的感受，保护其自尊心和自信心。如：
   - 能以平等的态度对待幼儿，使幼儿切实感受到自己被尊重。
   - 对幼儿好的行为表现多给予具体、有针对性的肯定和表扬，让他对自己的优点和长处有所认识并感到满足和自豪。
   - 不要拿幼儿的不足与其他幼儿的优点做比较。
2. 鼓励幼儿自主决定，独立做事，增强其自尊心和自信心。如：
   - 与幼儿有关的事情要征求他的意见，即使他的意见与成人不同，也要认真倾听，接受他的合理要求。
   - 在保证安全的情况下，支持幼儿按自己的想法做事；或提供必要的条件，帮助他实现自己的想法。
   - 幼儿自己的事情尽量放手让他自己做，即使做得不够好，也应鼓励并给予一定的指导，让他在做事中树立自尊和自信。
   - 鼓励幼儿尝试有一定难度的任务，并注意调整难度，让他感受经过努力获得的成就感。

目标4　关心尊重他人

3—4岁	4—5岁	5—6岁
1. 长辈讲话时能认真听，并能听从长辈的要求。 2. 身边的人生病或不开心时表示同情。 3. 在提醒下能做到不打扰别人。	1. 会用礼貌的方式向长辈表达自己的要求和想法。 2. 能注意到别人的情绪，并有关心、体贴的表现。 3. 知道父母的职业，能体会到父母为养育自己所付出的辛劳。	1. 能有礼貌地与人交往。 2. 能关注别人的情绪和需要，并能给予力所能及的帮助。 3. 尊重为大家提供服务的人，珍惜他们的劳动成果。 4. 接纳、尊重与自己的生活方式或习惯不同的人。

教育建议：

1. 成人以身作则，以尊重、关心的态度对待自己的父母、长辈和其他人。如：
   - 经常问候父母，主动做家务。
   - 礼貌地对待老年人，如坐车时主动为老人让座。
   - 看到别人有困难能主动关心并给予一定的帮助。
2. 引导幼儿尊重、关心长辈和身边的人，尊重他人的劳动及成果。如：
   - 提醒幼儿关心身边的人，如妈妈累了，知道让她安静休息一会儿。
   - 借助故事、图书等给幼儿讲讲父母抚育孩子成长的经历，让幼儿理解和体会父爱与母爱。
   - 结合实际情境，提醒幼儿注意别人的情绪，了解他们的需要，给予适当的关心和帮助。
   - 利用生活机会和角色游戏，帮助幼儿了解与自己关系密切的社会服务机构及其工作，如商场、邮局、医院等，体会这些机构给大家提供的便利和服务，懂得尊重工作人员的劳动，珍惜劳动成果。
3. 引导幼儿学习用平等、接纳和尊重的态度对待差异。如：
   - 了解每个人都有自己的兴趣、爱好和特长，可以相互学习。
   - 利用民间游戏、传统节日等，适当向幼儿介绍我国主要民族和世界其他国家和民族的文化，帮助幼儿感知文化的多样性和差异性，理解人们之间是平等的，应该互相尊重，友好相处。

(二) 社会适应

目标 1　喜欢并适应群体生活

3—4 岁	4—5 岁	5—6 岁
1. 对群体活动有兴趣。 2. 对幼儿园的生活好奇，喜欢上幼儿园。	1. 愿意并主动参加群体活动。 2. 愿意与家长一起参加社区的一些群体活动。	1. 在群体活动中积极、快乐。 2. 对小学生活有好奇和向往。

教育建议：

1. 经常和幼儿一起参加一些群体性的活动，让幼儿体会群体活动的乐趣。如：参加亲戚、朋友和同事间的聚会以及适合幼儿参加的社区活动等，支持幼儿和不同群体的同伴一起游戏，丰富其群体活动的经验。
2. 幼儿园组织活动时，可以经常打破班级的界限，让幼儿有更多机会参加不同群体的活动。

3. 带领大班幼儿参观小学，讲讲小学有趣的活动，唤起他们对小学生活的好奇和向往，为入学做好心理准备。

目标 2　遵守基本的行为规范

3—4 岁	4—5 岁	5—6 岁
1. 在提醒下，能遵守游戏和公共场所的规则。 2. 知道不经允许不能拿别人的东西，借别人的东西要归还。 3. 在成人提醒下，爱护玩具和其他物品。	1. 感受规则的意义，并能基本遵守规则。 2. 不私自拿不属于自己的东西。 3. 知道说谎是不对的。 4. 知道接受了的任务要努力完成。 5. 在提醒下，能节约粮食、水电等。	1. 理解规则的意义，能与同伴协商制订游戏和活动规则。 2. 爱惜物品，用别人的东西时也知道爱护。 3. 做了错事敢于承认，不说谎。 4. 能认真负责地完成自己所接受的任务。 5. 爱护身边的环境，注意节约资源。

教育建议：

1. 成人要遵守社会行为规则，为幼儿树立良好的榜样。如：答应幼儿的事一定要做到，尊老爱幼，爱护公共环境，节约水电等。
2. 结合社会生活实际，帮助幼儿了解基本行为规则或其他游戏规则，体会规则的重要性，学习自觉遵守规则。如：
   - 经常和幼儿玩带有规则的游戏，遵守共同约定的游戏规则。
   - 利用实际生活情境和图书故事，向幼儿介绍一些必要的社会行为规则，以及为什么要遵守这些规则。
   - 在幼儿园的区域活动中，创设情境，让幼儿体会没有规则的不方便，鼓励他们讨论制订规则并自觉遵守。
   - 对幼儿表现出的遵守规则的行为要及时肯定，对违规行为给予纠正。如：幼儿主动为老人让座时要表扬；幼儿损害别人的物品或公共物品时要及时制止并主动赔偿。
3. 教育幼儿要诚实守信。如：
   - 对幼儿诚实守信的行为要及时肯定。
   - 允许幼儿犯错误，告诉他改了就好。不要打骂幼儿，以免他因害怕惩罚而说谎。
   - 小年龄幼儿经常分不清想象和现实，成人不要误认为他是在说谎。
   - 发现幼儿说谎时，要反思是否是因自己对幼儿的要求过高过严造成的。如果是，要及时调整自己的行为，同时要严肃地告诉幼儿说谎是不对的。
   - 经常给幼儿分配一些力所能及的任务，要求他完成并及时给予表扬，培养他的责任感和认真负责的态度。

目标3　具有初步的归属感

3—4岁	4—5岁	5—6岁
1. 知道和自己一起生活的家庭成员及与自己的关系，体会到自己是家庭的一员。 2. 能感受到家庭生活的温暖，爱父母，亲近与信赖长辈。 3. 能说出自己家所在街道、小区（乡镇、村）的名称。 4. 认识国旗，知道国歌。	1. 喜欢自己所在的幼儿园和班级，积极参加集体活动。 2. 能说出自己家所在地的省、市、县（区）名称，知道当地有代表性的物产或景观。 3. 知道自己是中国人。 4. 奏国歌、升国旗时能自动站好。	1. 愿意为集体做事，为集体的成绩感到高兴。 2. 能感受到家乡的发展变化并为此感到高兴。 3. 知道自己的民族，知道中国是一个多民族的大家庭，各民族之间要互相尊重，团结友爱。 4. 知道国家一些重大成就，爱祖国，为自己是中国人感到自豪。

教育建议：

1. 亲切地对待幼儿，关心幼儿，让他感到长辈是可亲、可近、可信赖的，家庭和幼儿园是温暖的。如：
   - 多和孩子一起游戏、谈笑，尽量在家庭和班级中营造温馨的氛围。
   - 通过和幼儿一起翻阅照片、讲幼儿成长的故事等，让幼儿感受到家庭和幼儿园的温暖，老师的和蔼可亲，对养育自己的人产生感激之情。
2. 吸引和鼓励幼儿参加集体活动，萌发集体意识。如：
   - 幼儿园和班级里的重大事情和计划，请幼儿集体讨论决定。
   - 幼儿园应经常组织多种形式的集体活动，萌发幼儿的集体荣誉感。
3. 运用幼儿喜闻乐见和能够理解的方式激发幼儿爱家乡、爱祖国的情感。如：
   - 和幼儿说一说或在地图上找一找自己家所在的省、市、县（区）名称。
   - 和幼儿一起外出游玩，一起看有关的电视节目或画报等；和他们一起收集有关家乡、祖国各地的风景名胜、著名的建筑、独特物产的图片等，在观看和欣赏的过程中激发幼儿的自豪感和热爱之情。
   - 利用电视节目或参加升旗等活动，向幼儿介绍国旗、国歌以及观看升国旗、奏国歌的礼仪。
   - 向幼儿介绍反映中国人聪明才智的发明和创造，激发幼儿的民族自豪感。

四、科学

幼儿的科学学习是在探究具体事物和解决实际问题中，尝试发现事物间的异同和联系的过程。幼儿在对自然事物的探究和运用数学解决实际生活问题的过程中，不仅获得丰富的感性经验，充分发展形象思维，而且初步尝试归类、排序、判断、推理，逐步发展逻辑思维能力，为其他领域的深入学习奠定基础。

幼儿科学学习的核心是激发探究兴趣，体验探究过程，发展初步的探究能力。成人要善于发现和保护幼儿的好奇心，充分利用自然和实际生活机会，引导幼儿通过观察、比较、操作、实验等方法，学习发现问题、分析问题和解决问题；帮助幼儿不断积累经验，并运用于新的学习活动，形成受益终身的学习态度和能力。

幼儿的思维特点是以具体形象思维为主，应注重引导幼儿通过直接感知、亲身体验和实际操作进行科学学习，不应为追求知识和技能的掌握，对幼儿进行灌输和强化训练。

(一) 科学探究

目标1　亲近自然，喜欢探究

3—4岁	4—5岁	5—6岁
1. 喜欢接触大自然，对周围的很多事物和现象感兴趣。 2. 经常问各种问题，或好奇地摆弄物品。	1. 喜欢接触新事物，经常问一些与新事物有关的问题。 2. 常常动手动脑探索物体和材料，并乐在其中。	1. 对自己感兴趣的问题总是刨根问底。 2. 能经常动手动脑寻找问题的答案。 3. 探索中有所发现时感到兴奋和满足。

教育建议：

1. 经常带幼儿接触大自然，激发其好奇心与探究欲望。如：
   - 为幼儿提供一些有趣的探究工具，用自己的好奇心和探究积极性感染和带动幼儿。
   - 和幼儿一起发现并分享周围新奇、有趣的事物或现象，一起寻找问题的答案。
   - 通过拍照和画图等方式保留和积累有趣的探索与发现。
2. 真诚地接纳、多方面支持和鼓励幼儿的探索行为。如：
   - 认真对待幼儿的问题，引导他们猜一猜、想一想，有条件时和幼儿一起做一些简易的调查或有趣的小实验。
   - 容忍幼儿因探究而弄脏、弄乱甚至破坏物品的行为，引导他们活动后做好收拾整理。
   - 多为幼儿选择一些能操作、多变化、多功能的玩具材料或废旧材料，在保证安全的前提下，鼓励幼儿拆装或动手自制玩具。

目标 1　具有初步的探究能力

3—4 岁	4—5 岁	5—6 岁
1. 对感兴趣的事物能仔细观察，发现其明显特征。 2. 能用多种感官或动作去探索物体，关注动作所产生的结果。	1. 能对事物或现象进行观察比较，发现其相同与不同。 2. 能根据观察结果提出问题，并大胆猜测答案。 3. 能通过简单的调查收集信息。 4. 能用图画或其他符号进行记录。	1. 能通过观察、比较与分析，发现并描述不同种类物体的特征或某个事物前后的变化。 2. 能用一定的方法验证自己的猜测。 3. 在成人的帮助下能制订简单的调查计划并执行。 4. 能用数字、图画、图表或其他符号记录。 5. 探究中能与他人合作与交流。

教育建议：

1. 有意识地引导幼儿观察周围事物，学习观察的基本方法，培养观察与分类能力。如：
   - 支持幼儿自发的观察活动，对其发现表示赞赏。
   - 通过提问等方式引导幼儿思考并对事物进行比较观察和连续观察。
   - 引导幼儿在观察和探索的基础上，尝试进行简单的分类、概括。如：根据运动方式给动物分类，根据生长环境给植物分类，根据外部特征给物体分类等等。
2. 支持和鼓励幼儿在探究的过程中积极动手动脑寻找答案或解决问题。如：
   - 鼓励幼儿根据观察或发现提出值得继续探究的问题，或成人提出有探究意义且能激发幼儿兴趣的问题。如：皮球、轮胎、竹筒等物体滚动时都走直线吗？怎样让橡皮泥球浮在水面上？
   - 支持和鼓励幼儿大胆联想、猜测问题的答案，并设法验证。如：玩风车时，鼓励幼儿猜测风车转动方向及速度快慢的原因和条件，并实际去验证。
   - 支持、引导幼儿学习用适宜的方法探究和解决问题，或为自己的想法收集证据。如：想知道院子里有多少种植物，可以进行实地调查；想知道球在平地上还是在斜坡上滚得快，可以动手试一试；想证明影子的方向与太阳的位置有关，可以做个小实验进行验证等。
3. 鼓励和引导幼儿学习做简单的计划和记录，并与他人交流分享。如：
   - 和幼儿共同制订调查计划，讨论调查对象、步骤和方法等，也可以和幼儿一起设法用图画、箭头等标识呈现计划。
   - 鼓励幼儿用绘画、照相、做标本等办法记录观察和探究的过程与结果，注意要让记录有意义，通过记录帮助幼儿丰富观察经验，建立事物之间的联系和分享发现。

● 支持幼儿与同伴合作探究与分享交流，引导他们在交流中尝试整理、概括自己探究的成果，体验合作探究和发现的乐趣。如一起讨论和分享自己的问题与发现，一起想办法收集资料和验证猜测。

4. 帮助幼儿回顾自己的探究过程，讨论自己做了什么，怎么做的，结果与计划目标是否一致，分析一下原因以及下一步要怎样做等。

目标 3　在探究中认识周围事物和现象

3—4 岁	4—5 岁	5—6 岁
1. 认识常见的动植物，能注意并发现周围的动植物是多种多样的。 2. 能感知和发现物体和材料的软硬、光滑和粗糙等特性。 3. 能感知和体验天气对自己生活和活动的影响。 4. 初步了解和体会动植物和人们生活的关系。	1. 能感知和发现动植物的生长变化及其基本条件。 2. 能感知和发现常见材料的溶解、传热等性质或用途。 3. 能感知和发现简单物理现象，如物体形态或位置变化等。 4. 能感知和发现不同季节的特点，体验季节对动植物和人的影响。 5. 初步感知常用科技产品与自己生活的关系，知道科技产品有利也有弊。	1. 能察觉到动植物的外形特征、习性与生存环境的适应关系。 2. 能发现常见物体的结构与功能之间的关系。 3. 能探索并发现常见的物理现象产生的条件或影响因素，如影子、沉浮等。 4. 感知并了解季节变化的周期性，知道变化的顺序。 5. 初步了解人们的生活与自然环境的密切关系，知道尊重和珍惜生命，保护环境。

教育建议：

1. 支持幼儿在接触自然、生活事物和现象中积累有益的直接经验和感性认识。如：
   - 和幼儿一起通过户外活动、参观考察、种植和饲养活动，感知生物的多样性和独特性，以及生长发育、繁殖和死亡的过程。
   - 给幼儿提供丰富的材料和适宜的工具，支持幼儿在游戏过程中探索并感知常见物质、材料的特性和物体的结构特点。
2. 引导幼儿在探究中思考，尝试进行简单的推理和分析，发现事物之间明显的关联。如：
   - 引导 5 岁以上幼儿关注和思考动植物的外部特征、习性与生活环境对动植物生存的意义。如兔子的长耳朵具有自我保护的作用；植物种子的形状有助于其传播等。
   - 引导幼儿根据常见物质、材料的特性和物体的结构特点，推测和证实它们的用途。如：带轮子的物体方便移动；不同用途的车辆有不同的结构等等。
3. 引导幼儿关注和了解自然、科技产品与人们生活的密切关系，逐渐懂得热爱、尊重、保护自然。如：
   - 结合幼儿的生活需要，引导他们体会人与自然、动植物的依赖关系。如：动植物、季节变化与人们生活的关系，常见灾害性天气给人们生产和生活带来的影响等。

- 和幼儿一起讨论常见科技产品的用途和弊端。如：汽车等交通工具给生活带来的方便和对环境的污染等。

(二) 数学认知

目标 1 初步感知生活中数学的有用和有趣

3—4 岁	4—5 岁	5—6 岁
1. 感知和发现周围物体的形状是多种多样的，对不同的形状感兴趣。 2. 体验和发现生活中很多地方都用到数。	1. 在指导下，感知和体会有些事物可以用形状来描述。 2. 在指导下，感知和体会有些事物可以用数来描述，对环境中各种数字的含义有进一步探究的兴趣。	1. 能发现事物简单的排列规律，并尝试创造新的排列规律。 2. 能发现生活中许多问题都可以用数学的方法来解决，体验解决问题的乐趣。

教育建议：

1. 引导幼儿注意事物的形状特征，尝试用表示形状的词来描述事物，体会描述的生动形象性和趣味性。如：
   - 参观游览后，和幼儿一起谈论所看到的事物的形状，鼓励幼儿产生联想，并用自己的语言进行描述。如：熊猫的身体圆圆的，全身好像是一个个的圆形组成的。
   - 和幼儿交谈或读书讲故事时，适当地运用一些有关形状的词汇来描述事物，如看图片时，和幼儿讨论奥运会场馆的形状，体会为什么有的场馆叫“水立方”，有的叫“鸟巢”。
2. 引导幼儿感知和体会生活中很多地方都用到数，关注周围与自己生活密切相关的数的信息，体会数可以代表不同的意义。如：
   - 和幼儿一起寻找发现生活中用数字作标识的事物。如电话号码、时钟、日历和商品的价签等。
   - 引导幼儿了解和感受数用在不同的地方，表示的意义是不一样的。如天气预报中表示气温的数代表冷热状况；钟表上的数表明时间的早晚等。
   - 鼓励幼儿尝试使用数的信息进行一些简单的推理。如知道今天是星期五，能推断明天是星期六，爸爸妈妈休息。
3. 引导幼儿观察发现按照一定规律排列的事物，体会其中的排列特点与规律，并尝试自己创造出新的排列规律。如：
   - 和幼儿一起发现和体会按一定顺序排列的队形整齐有序。

- 提供具有重复性旋律和词语的音乐、儿歌和故事，或利用环境中有序排列的图案（如按颜色间隔排列的瓷砖、按形状间隔排列的珠帘等），鼓励幼儿发现和感受其中的规律。
- 鼓励幼儿尝试自己设计有规律的花边图案，创编有一定规律的动作，或者按某种规律进行搭建活动。
- 引导幼儿体会生活中很多事情都是有一定顺序和规律的。如一周七天的顺序是从周一到周日，一年四季按照春夏秋冬轮回等。

4. 鼓励和支持幼儿发现、尝试解决日常生活中需要用到数学的问题，体会数学的用处。如：
   - 拍球、跳绳、跳远或投沙包时，可通过数数、测量的方法确定名次。
   - 讨论春游去哪里玩时，让幼儿商量想去哪里玩？每个想去的地方有多少人？根据统计结果做出决定。
   - 滑滑梯时，按照“先来先玩”的规则有序地排队玩。

目标 2　感知和理解数、量及数量关系

3—4 岁	4—5 岁	5—6 岁
1. 能感知和区分物体的大小、多少、高矮、长短等量方面的特点，并能用相应的词表示。 2. 能通过一一对应的方法比较两组物体的多少。 3. 能手口一致地点数 5 个以内的物体，并能说出总数。能按数取物。 4. 能用数词描述事物或动作。如我有 4 本图书。	1. 能感知和区分物体的粗细、厚薄、轻重等量方面的特点，并能用相应的词语描述。 2. 能通过数数比较两组物体的多少。 3. 能通过实际操作理解数与数之间的关系，如 5 比 4 多 1；2 和 3 合在一起是 5。 4. 会用数词描述事物的排列顺序和位置。	1. 初步理解量的相对性。 2. 借助实际情境和操作（如合并或拿取）理解“加”和“减”的实际意义。 3. 能通过实物操作或其他方法进行 10 以内的加减运算。 4. 能用简单的记录表、统计图等表示简单的数量关系。

教育建议：

1. 引导幼儿感知和理解事物“量”的特征。如：
   - 感知常见事物的大小、多少、高矮、粗细等量的特征，学习使用相应的词汇描述这些特征。
   - 结合具体事物，让幼儿通过多次比较逐渐理解“量”是相对的。如小亮比小明高，但比小强矮。
   - 收拾物品时，根据情况，鼓励幼儿按照物体量的特征分类整理。如整理图书时按照大小摆放。
2. 结合日常生活，指导幼儿学习通过对应或数数的方式比较物体的多少。如：
   - 鼓励幼儿在一对一配对的过程中发现两组物体的多少。如，在给桌子上的每个碗配上勺子时，发现碗和勺多少的不同。

- 鼓励幼儿通过数数比较两样东西的多少。如数一数有多少个苹果，多少个梨；判断苹果和梨哪个多，哪个少。

3. 利用生活和游戏中的实际情境，引导幼儿理解数概念。如：
   - 结合生活需要，和幼儿一起手口一致点数物体，得出物体的总数。
   - 通过点数的方式，让幼儿体会物体的数量不会因排列形式、空间位置的不同而发生变化。如鼓励幼儿将一定数量的扣子以不同的形式摆放，体会扣子的数量是不变的。
   - 结合日常生活，为幼儿提供“按数取物”的机会。如游戏时，请幼儿按要求拿出几个球。
4. 通过实物操作，引导幼儿理解数与数之间的关系，并用“加”或“减”的办法来解决问题。如：
   - 游戏中遇到让 4 个小动物住进两间房子的问题，或生活中遇到将 5 块饼干分给两个小朋友的问题时，让幼儿尝试不同的分法。
   - 鼓励幼儿尝试自己解决生活中的数学问题。如家里来了 5 位客人，桌子上只有 3 个杯子，还需要几个杯子等。
   - 购少量物品时，有意识地鼓励幼儿参与计算和付款的过程等。

目标 3　感知形状与空间关系

3—4 岁	4—5 岁	5—6 岁
1. 能注意物体较明显的形状特征，并能用自己的语言描述。 2. 能感知物体基本的空间位置与方位，理解上下、前后、里外等方位词。	1. 能感知物体的形体结构特征，画出或拼搭出该物体的造型。 2. 能感知和发现常见几何图形的基本特征，并能进行分类。 3. 能使用上下、前后、里外、中间、旁边等方位词描述物体的位置和运动方向。	1. 能用常见的几何形体有创意地拼搭和画出物体的造型。 2. 能按语言指示或根据简单的示意图正确取放物品。 3. 能辨别自己的左右。

教育建议：

1. 用多种方法帮助幼儿在物体与几何形体之间建立联系。如：
   - 引导幼儿感受生活中各种物品的形状特征，并尝试识别和描述。如感受和识别盘子、桌子、车轮、地砖等物品的形状特征。
   - 鼓励和支持幼儿用积木、纸盒、拼板等各种形状材料进行建构游戏或制作活动。如用长方形的纸盒加两个圆形瓶盖制作“汽车”。
   - 收拾整理积木时，引导幼儿体验图形之间的转换。如两个三角形可组合成一个正方形，两个正方形可组合成一个长方形。

- 引导幼儿注意观察生活物品的图形特征，鼓励他们按形状分类整理物品。

2. 丰富幼儿空间方位识别的经验，引导幼儿运用空间方位经验解决问题。如：

- 请幼儿取放物体时，使用他们能够理解的方位词。如把桌子下面的东西放到窗台上，把花盆放在大树旁边等。
- 和幼儿一起识别熟悉场所的位置。如超市在家的旁边，邮局在幼儿园的前面。
- 在体育、音乐和舞蹈活动中，引导幼儿感受空间方位和运动方向。
- 和幼儿玩"按指令找宝"的游戏。对年龄小的幼儿要求他们按语言指令寻找，对年龄大些的幼儿可要求按照简单的示意图寻找。

五、艺术

艺术是人类感受美、表现美和创造美的重要形式，也是表达自己对周围世界的认识和情绪态度的独特方式。

每个幼儿心里都有一颗美的种子。幼儿艺术领域学习的关键在于充分创造条件和机会，在大自然和社会文化生活中萌发幼儿对美的感受和体验，丰富其想象力和创造力，引导幼儿学会用心灵去感受和发现美，用自己的方式去表现和创造美。

幼儿对事物的感受和理解不同于成人，他们表达自己认识和情感的方式也有别于成人。幼儿独特的笔触、动作和语言往往蕴含着丰富的想象和情感，成人应对幼儿的艺术表现给予充分的理解和尊重，不能用自己的审美标准去评判幼儿，更不能为追求结果的"完美"而对幼儿进行千篇一律的训练，以免扼杀其想象与创造的萌芽。

(一) 感受与欣赏

目标1　喜欢自然界与生活中美的事物

3—4岁	4—5岁	5—6岁
1. 喜欢观看花草树木、日月星空等大自然中美的事物。 2. 容易被自然界中的鸟鸣、风声、雨声等好听的声音所吸引。	1. 在欣赏自然界和生活环境中美的事物时，关注其色彩、形态等特征。 2. 喜欢倾听各种好听的声音，感知声音的高低、长短、强弱等变化。	1. 乐于收集美的物品或向别人介绍所发现的美的事物。 2. 乐于模仿自然界和生活环境中有特点的声音，并产生相应的联想。

教育建议：

1. 和幼儿一起感受、发现和欣赏自然环境和人文景观中美的事物。如：
   - 让幼儿多接触大自然，感受和欣赏美丽的景色和好听的声音。
   - 经常带幼儿参观园林、名胜古迹等人文景观，讲讲有关的历史故事、传说，与幼儿一起讨论和交流对美的感受。
2. 和幼儿一起发现美的事物的特征，感受和欣赏美。如：
   - 让幼儿观察常见动植物以及其他物体，引导幼儿用自己的语言、动作等描述它们美的方面，如颜色、形状、形态等。
   - 让幼儿倾听和分辨各种声响，引导幼儿用自己的方式来表达他对音色、强弱、快慢的感受。
   - 支持幼儿收集喜欢的物品并和他一起欣赏。

目标 2　喜欢欣赏多种多样的艺术形式和作品

3—4 岁	4—5 岁	5—6 岁
1. 喜欢听音乐或观看舞蹈、戏剧等表演。 2. 乐于观看绘画、泥塑或其他艺术形式的作品。	1. 能够专心地观看自己喜欢的文艺演出或艺术品，有模仿和参与的愿望。 2. 欣赏艺术作品时会产生相应的联想和情绪反应。	1. 艺术欣赏时常常用表情、动作、语言等方式表达自己的理解。 2. 愿意和别人分享、交流自己喜爱的艺术作品和美感体验。

教育建议：

1. 创造条件让幼儿接触多种艺术形式和作品。如：
   - 经常让幼儿接触适宜的、各种形式的音乐作品，丰富幼儿对音乐的感受和体验。
   - 和幼儿一起用图画、手工制品等装饰和美化环境。
   - 带幼儿观看或共同参与传统民间艺术和地方民俗文化活动。如皮影戏、剪纸和捏面人等。
   - 有条件的情况下，带幼儿去剧院、美术馆、博物馆等处欣赏文艺表演和艺术作品。
2. 尊重幼儿的兴趣和独特感受，理解他们欣赏时的行为。如：
   - 理解和尊重幼儿在欣赏艺术作品时的手舞足蹈、即兴模仿等行为。
   - 当幼儿主动介绍自己喜爱的舞蹈、戏曲、绘画或工艺品时，要耐心倾听并给予积极回应和鼓励。

(二)表现与创造

目标1　喜欢进行艺术活动并大胆表现

3—4岁	4—5岁	5—6岁
1. 经常自哼自唱或模仿有趣的动作、表情和声调。 2. 经常涂涂画画、粘粘贴贴并乐在其中。	1. 经常唱唱跳跳，愿意参加歌唱、律动、舞蹈、表演等活动。 2. 经常用绘画、捏泥、手工制作等多种方式表现自己的所见所想。	1. 积极参与艺术活动，有自己比较喜欢的活动形式。 2. 能用多种工具、材料或不同的表现手法表达自己的感受和想象。 3. 艺术活动中能与他人相互配合，也能独立表现。

教育建议：

1. 创造机会和条件，支持幼儿自发的艺术表现和创造。
   - 提供丰富的便于幼儿取放的材料、工具或物品，支持幼儿进行自主绘画、手工、歌唱、表演等艺术活动。
   - 经常和幼儿一起唱歌、表演、绘画、制作，共同分享艺术活动的乐趣。
2. 营造安全的心理氛围，让幼儿敢于并乐于表达表现。如：
   - 欣赏和回应幼儿的哼哼唱唱、模仿表演等自发的艺术活动，赞赏他独特的表现方式。
   - 在幼儿自主表达创作过程中，不做过多干预或把自己的意愿强加给幼儿，在幼儿需要时再给予具体的帮助。
   - 了解并倾听幼儿艺术表现的想法或感受，领会并尊重幼儿的创作意图，不简单用“像不像”“好不好”等成人标准来评价。
   - 展示幼儿的作品，鼓励幼儿用自己的作品或艺术品布置环境。

目标2　具有初步的艺术表现与创造能力

3—4岁	4—5岁	5—6岁
1. 能模仿学唱短小歌曲。 2. 能跟随熟悉的音乐做身体动作。 3. 能用声音、动作、姿态模拟自然界的事物和生活情景。 4. 能用简单的线条和色彩大体画出自己想画的人或事物。	1. 能用自然的、音量适中的声音基本准确地唱歌。 2. 能通过即兴哼唱、即兴表演或给熟悉的歌曲编词来表达自己的心情。 3. 能用拍手、踏脚等身体动作或可敲击的物品敲打节拍和基本节奏。 4. 能运用绘画、手工制作等表现自己观察到或想象的事物。	1. 能用基本准确的节奏和音调唱歌。 2. 能用律动或简单的舞蹈动作表现自己的情绪或自然界的情景。 3. 能自编自演故事，并为表演选择和搭配简单的服饰、道具或布景。 4. 能用自己制作的美术作品布置环境，美化生活。

教育建议：

尊重幼儿自发的表现和创造，并给予适当的指导。如：

- 鼓励幼儿在生活中细心观察、体验，为艺术活动积累经验与素材。如，观察不同树种的形态、色彩等。
- 提供丰富的材料，如图书、照片、绘画或音乐作品等，让幼儿自主选择，用自己喜欢的方式去模仿或创作，成人不做过多要求。
- 根据幼儿的生活经验，与幼儿共同确定艺术表达表现的主题，引导幼儿围绕主题展开想象，进行艺术表现。
- 幼儿绘画时，不宜提供范画，特别不应要求幼儿完全按照范画来画。
- 肯定幼儿作品的优点，用表达自己感受的方式引导其提高。如，“你的画用了这么多红颜色，感觉就像过年一样喜庆”“你扮演的大灰狼声音真像，要是表情再凶一点就更好了”等。

第一讲

努力推进学前教育的科学化

虞永平

本讲的内容是努力推进学前教育的科学化。因为《3—6 岁儿童学习与发展指南》最终的根本目的，就是促进学前教育的科学化。促进学前教育的科学化核心的问题就是我们要把注意力放在儿童身上，放在儿童的发展上。

一、为什么要颁布《指南》

《指南》作为一份国家文件，它对全国的学前教育都有指导意义。颁布《指南》主要是有三个方面的原因：一是通过《指南》的落实可以提高学前教育的科学化水平；二是可以用《指南》来解决我们国家当前幼儿园教育中存在的现实问题；三是可以用《指南》来分析和提升当前家庭科学育儿的水平。

(一) 通过《指南》的落实可以提高学前教育的科学化水平

当前的学前教育存在一些问题。比如我们的教育不是一直都有儿童的，这是什么意思呢？教育关怀儿童，在意儿童，但是曾经有些时候我们的教育没有儿童。教育就是为了教育，教育就是为了传递人们想象的一个科学体系，或者人们想象的一个传统的道德体系。所以科学的教育就是关照了儿童的教育，遵循儿童身心发展规律的教育。真正科学的教育是从有关儿童发展的科学体系建立以后才出现的。也就是说，科学的幼儿教育是建立在幼儿发展心理学或者幼儿发展理论的基础之上的，在这之前的教育对儿童的认识是模糊的，是一种直觉，是不精确的。而我们今天所倡导的教育应该是有儿童的教育，为了儿童的教育；是以儿童的发展作为基础的教育。《指南》就是告诉我们儿童是怎么发展的，告诉我们不同年龄段的儿童发展的水平，儿童可以达到的基本目标是什么。建立在这个基础之上的教育才可能是真正的科学的教育。我们学习《指南》，就是要避免教育贻误儿童的现象。还有一个问题就是教育者身心不共时时教育的悲哀。什么是身心不共时？我们的身体已经进入 21 世纪了，我们的观念还是以往传统的教育观念，家长说了算，成人说了算，儿童的主体地位没有得到充分的彰显，这是教育当中最大的悲哀。我们希望教育者用 21 世纪的教育理念来教育我们的儿童。生在新世纪，观念在新世纪，立场在新世纪，方法在新世纪。那么如何做到这一点？就是要充分吸收《指南》里面的基本价值的教育观念，充分吸收《指南》里面关于儿童发展的基本论断，充分关注《指南》里面关于儿童发展阶段的阶梯水平。只有这样，我们才能做到教育的针对性和适宜性。今天在社会生活当中，幼儿园教育过程当中，家庭教育过程当中，有很多不良现象。比如说超前教育、提前教育、过分的应试教育等。这样的现象出现，背后有深刻的原因，这些原因的出现有观念的原因，也有认识水平的原因。其中对儿童没有充分的认识，没有充分了解儿童的发展是一个什么样的过程，是形成这些怪现象的重要原因。当然还有一些利益关系在里面，有多种原因。当然我觉得最基本的和起码的一点是我们必须充分了解儿童的发展。因此《指南》是向教师、向家长、向全社会宣传儿童的发展是怎样发展的一个非常重要的文件。

学前教育科学化是我们追求的，我们不能指望在短期内解决这个问题，但是我们必须去努力。也就是说从学习《指南》开始，逐步深入地去了解儿童发展的基本历程，在我们的教育过程当中更多地去遵循科学的理论、科学的规律、科学的方法，避免成人化、小学化。只有这样，我们才能使学前教育逐步地走向科学化。

那么，要使学前教育科学化，有很多的途径和手段，我们重点讲一个途径，就是通过政府的文件来强化人们的科学教育意识。

我们国家在发展学前教育的事业当中，注重了规模发展和质量提升两个方面的结合，近年来幼儿教育事业蓬勃发展，关于幼儿教育质量的提升，关于幼儿教育的科学化，也有很多相关的文件和政策，作为幼儿园老师必须了解。比如《国家中长期教育改革和发展规划纲要》，比如《国务院关于当前发展学前教育的若干意见》，比如《教育部关于规范幼儿园保育教育工作防止和纠正"小学化"现象的通知》，比如正在征求意见的《幼儿园工作规程》修订稿，这些文件都在一定程度上呼唤科学精神，要求人们坚持科学的教育理念，坚持科学的教育方法，逐步地去推进幼儿教育的科学化。

1.《国家中长期改革与发展规划纲要》

把提高质量作为教育改革发展的核心任务。树立科学的质量观，把促进人的全面发展、适应社会需要作为衡量教育质量的根本标准。树立以提高质量为核心的教育发展观，注重教育内涵发展，鼓励学校办出特色，办出水平，出名师，育英才。

"把提高质量作为教育改革发展的核心任务。"——"提高质量"是"科学化"的结果。幼儿教育科学化最终一定要落实到教育质量的提升上面，所以今后一段时间要把提高质量作为教育改革发展的核心任务。"要树立科学的质量观。"——什么叫质量？不是分数，是幼儿全面和谐发展，这才是科学的质量观。"要把促进人的全面发展，适应社会需要作为衡量教育质量的根本标准。”——因此核心是人的全面发展。“要树立以提高质量为核心的教育发展观，注重教育的内涵发展。”——什么是教育的内涵发展？就是在教育机构里面各种力量能够协调一致，共同促进幼儿身心和谐发展，这就是内涵发展。

在这个文件里面还提出“建立以提高教育质量为导向的管理制度和工作机制，把教育资源配置和学校工作重点集中到强化教学环节、提高教育质量上来。”

“要建立以提高教育质量为导向的管理制度和工作机制。”——因此我们的管理到底是为了把人管住，还是为了质量不断提高呢？当然是为了质量不断提高，不是为了管人。管理是指向质量的。“要把教育资源配置和学校工作重点集中到强化教学环节，提高教育质量上来。”——因此我们的教育资源怎么配置？我们要把多少资源用在质量提升上，用在教师专业成长上，用在孩子的操作材料上？这是我们必须考虑的问题。

在这个文件里面还专门提出“学前教育对幼儿身心健康、习惯养成、智力发展具有重要意义。遵循幼儿身心发展规律，坚持科学保教方法，保障幼儿快乐健康成长”。

“学前教育对幼儿身心健康、习惯养成、智力发展具有重要意义。”这是肯定了学前教育的价值，它的价值就是促进幼儿的身心健康、习惯养成和智力发展。同时还提出“要遵循幼儿身心发展规律”。幼儿身心发展规律在哪里？如何遵循？其实《指南》从头到尾都在呈现儿童身心发展规律，不同年龄幼儿身心发展特点和规律到底是什么？下面介绍的文件跟《指南》的精神就是一致的。除了“遵循幼儿身心发展规律，还要坚持科学保教方法”。知道它的规律了，那如何进行科学保教呢？这是要研究的重要问题。就是说我们所采用的方法要针对特定年龄阶段的孩子，要去关注特定年龄阶段孩子的需要和兴趣，同时要考虑特定年龄阶段儿童所面对的现实问题，这才是科学的保教方法。核心是“保障幼儿快乐健康成长”，也就是要还儿童幸福童年。所以这个文件对幼儿教育有专门的强调。

2.《国务院关于当前发展学前教育的若干意见》

遵循幼儿身心发展规律，面向全体幼儿，关注个体差异，坚持以游戏为基本活动，保教结合，寓教于乐，促进幼儿健康成长。加强对幼儿园玩教具、幼儿图书的配备与指导，为儿童创设丰富多彩的教育环境，防止和纠正幼儿园教育“小学化”倾向。

在这个文件里也明确提出要“遵循身心发展的规律”。前面讲过所谓遵循身心发展的规律，就是要让我们去了解不同年龄阶段孩子是如何发展的，不同年龄阶段孩子之间是如何衔接的，发展的每个方面之间的关系是什么样的。还提出“要面向全体幼儿。同时还注重个别差异，要注意要以游戏为基本教学内容，保教结合，寓教于乐”。

其实要做到这一点，还是要回到最根本的一点，只有当我们了解幼儿身心发展规律以后，才知道我们的教育要面向全体幼儿，要注重个别差异，要坚持以游戏为基本活动。为什么要以游戏为基本活动？因为这个年龄孩子的学习特点就是这样的，他的发展特点就是这样的。游戏是孩子的生活，游戏对孩子来说是成长的动力。要做到“保教结合”，因为这个年龄阶段的孩子独立生活的能力还比较差，有许多生活照料的任务，所以要保教结合。“寓教于乐”，也就是让孩子在快乐轻松的环境中学习。最后要“促进幼儿健康成长”——知道规律了，按规律办事，最终目的是要健康成长。因此在这个文件中提出“要加强对幼儿玩教具、幼儿图书的配备与指导”——幼儿园里面要配备什么样的玩教具呢？要根据幼儿的身心发展特点和规律。那么《指南》里面讲了各个年龄阶段的规律到底是什么，我们可以根据这些来为幼儿配备相应的玩教具，配备相应的图书，并且给予适当的指导。“要为幼儿创设丰富多彩的教育环境”——因为幼儿园阶段3—6岁的孩子是在行动当中学习的，是在和环境的相互作用当中学习的，我们给孩子创设的环境越丰富，相互作用的内容和方式也就越丰富，孩子获得的经验也就越丰富，所以环境决定经验，环境决定发展。因此创设什么样的环境，我们也要以幼儿的发展为基础。“要防止和纠正幼儿园教育的‘小学化‘倾向。”——“小学化”意味着我们无视幼儿的身心发展规律，明明是3—6岁的幼儿，却用小学的要求来对待他，教小学的内容，用小学的方式，这就是违背幼儿的身心发展规律。所以《指南》给大家提供的是不同年龄阶段，尤其是3—6岁孩子的身心发展的一般规律，我们要按照3—6岁孩子的身心发展来教育，而不是按照小学的方式来进行教育。所以学习《指南》能够有助于防止“小学化”现象。

必须坚持科学育儿，遵循幼儿身心发展规律，促进幼儿健康快乐成长。

科学育儿遵循规律是所有文件都强调的。所以国家对幼儿科学育儿的教学质量高度重视，所有文件都提出这个问题。但是科学育儿在所有文件当中是笼统的，在《指南》里面是具体的。在《指南》里面把各个年龄阶段的特点都讲清楚了，所以《指南》是遵循科学发展规律的具体化。坚持科学育儿不只是幼儿园的事情，也是家庭的事，科学育儿也是家长的重要责任。正因为这样，所以教育部专门组织了“学前教育宣传月”。2012年“学前教育宣传月”的主题就是“科学育儿”，所以科学育儿对家长和教师来说非常重要。科学育儿的基础就是了解幼儿的身心发展规律。我们对《指南》的学习贯彻了解得越深入，越有利于科学育儿。

建立幼儿园保教质量评估监管体系。健全学前教育教研指导网络。要把幼儿园教育和家庭教育紧密结合，共同为幼儿的健康成长创造良好环境。

“建立幼儿园保教质量评估监管体系。”——我们的质量到底怎么样？如何提升我们的质量？影响质量的因素在哪里？要通过质量监管体系来加以了解，因此这也是国家下决心抓质量的一个表现。“健全学前教育教研指导网络。”对教学研究要进行指导，要建立一个教学指导网络，教研指导的结果不是管住老师，不是给老师增加工作量，而是要提升老师的科学化水平。所以教研指导应该是以《指南》为基础，应该是建立在《指南》的基本价值立场上，应该是建立在3—6岁儿童身心发展的特点的基础之上；教研指导网络的建立一定要以《指南》为基础。“一定要把幼儿园教育和家庭教育紧密结合。”——因为家长是幼儿基本的教育者，是主要的，不可缺少的，尤其幼儿在3—6岁这个阶段。“共同为幼儿的健康成长创造良好的环境。”——这个良好环境的前提条件是幼儿园和家长都要把教育建立在遵循幼儿身心发展规律的基础之上。

加快建设一支师德高尚、热爱儿童、业务精良、结构合理的幼儿教师队伍。

这里有几个基本要求。首先是师德高尚。这是我国对幼儿园教师的基本准入要求，也就是说要有崇高的师德。这里主要介绍业务精良。业务精良怎么理解？业务精良意味着我们的教师一定要了解幼儿身心发展规律。了解幼儿的身心发展规律是一个长期的过程，不是可以背下来的，是教师感受到的，是教师不断地观察判断的。当教师了解幼儿身心发展基本规律之后，不见得能处理所有的幼儿教育问题。因为当他换一个班级的时候，可能孩子的发展又有特殊的情况。因为规律是普遍的，而每个孩子作为个体是特殊的。如何处理两者关系？就是要求我们的教师不要停留在背诵规律上，而是要在实践当中不断观察不断判断，在实践中去了解孩子是业务精良的第一个方面。业务精良的第二个方面是根据孩子的发展特点，我们可以灵活选择适宜孩子发展特点的教育内容，这就是教师教育选择能力。我们的选择要利于满足孩子的兴趣和需要。业务精良的第三个方面是还要有基本的专业能力。

很多人把基本的艺术能力当作专业能力来对待。专业能力和艺术能力两者是不一样的，不能混淆。它们二者之间的关系是：

(1) 艺术能力是人生的基本素养。基本的艺术能力很多人都有，很多艺术能力从事艺术工作的人就有，但是他不见得就能做一个很好的幼儿园老师。

(2) 幼儿教师需要一定的艺术素养。幼儿园教师不只是要掌握艺术素养。因此幼儿师范学校不是幼儿艺术师范学校。教育的重点不在艺术上，而应在专业上。

(3) 幼儿教师的艺术能力应该以现实的工作需要为基准，同时也要以人生的发展为基准。幼儿教师所掌握的艺术素养至少应该在工作中够用，比如幼儿师范学校的学生学一点美声好不好？可以学一点，作为个人的艺术素养未尝不可，但是这种艺术能力到了幼儿园基本上用不着，我们的学习不能在美声上花太多时间，因为它仅仅是给教师一些个人素养罢了。

(4) 艺术能力不能代替专业能力。

说到底什么是幼儿教师的专业能力呢?

(1) 幼儿教师的专业能力是幼儿教师从事幼儿教育的根本保证。我们要做好幼儿教育,仅仅会弹唱跳是不够的,弹唱跳是艺术能力,不是专业能力,因此我们来衡量幼儿教育单单用艺术能力来衡量是不合理的也是不科学的。

(2) 专业能力也是一种职业区别于其他职业的能力。幼儿园教师的职业区别于其他职业是因为我有特殊的专业能力。

(3) 专业能力需要长期的培养和训练。专业能力不是听听看看就能获得的。为什么幼师 3 年学习不够要进行 5 年学习,是因为有些能力的培养需要时间。

(4) 专业能力和幼儿教育的质量密切相关。专业能力越强越有利于我们提升教育质量。

我们国家幼儿园教师的专业能力总体来说有待提高。首先因为幼儿园教师的合格率比较低。就算教师合格了是不是真的就掌握了专业能力?拿到教师资格证书是不是我们的专业能力一定很强呢?下面介绍一下到底什么是专业能力。

(1) 观察能力。我们会不会观察孩子?我们可以把《指南》背得烂熟,但并不见得我们真正懂得和了解孩子。要真正懂得和了解孩子,我们必须不停地去观察,在实践当中去理解孩子,因此观察是老师的基本能力。观察不是简单的看看,观察是有目的的,需要聚焦的,而且是持续的。所以观察是一种重要的专业能力,但是在以往的教师教育当中对观察能力注重不够。可以说观察能力是我们国家幼儿园教师最需要补充的内容之一。

(2) 作品分析能力。即对孩子的各种作品进行分析的能力。通过分析我们了解孩子的发展水平和学习状况,了解孩子进一步发展的方向。所以作品分析能力是老师最基本的专业能力。这种作品分析能力在今天的幼儿园教师教育当中也是缺乏的,也是要补课的。这里说的"作品"不仅仅是画画,包括各种生活作品,甚至孩子的口头讲解、他们表演的神态动作都是他的作品,对这种作品的分析需要通过训练来掌握。

(3) 谈话能力。通过谈话我们去了解孩子的想法,引导孩子的行动,启发孩子的思维。因此和孩子之间的谈话不是简单的回应,也不是一味地出于教师想象的问题,而是要针对幼儿的状况,通过各种方式去激发幼儿的思维、想象和进一步的行动。因此谈话是非常重要的一种专业能力。也就是说,当一个教师面对孩子,需要的时候要有话可说,你要说有意义的话、有价值的话。

(4) 课程设计能力。这也是我们幼儿园教师和中小学教师不同的地方。中小学课程是既定的,因为有教材有课本,总体来说老师要做的是教学法加工。而幼儿园教师只有大纲和《指南》,《指南》告诉我们孩子是怎么发展,但是如何做来促进孩子的发展呢？这就要求我们根据《指南》的要求针对孩子的发展去选择适宜的内容。这是课程设计的能力，这种能力非常重要。

（5）活动组织能力。这不是讲解能力，是能够让孩子更投入、更好地获得经验的能力。

（6）评价的能力。通过对孩子的观察，我们判断孩子某一个方面、某一个领域、某一个项目的发展水平。我们通过这种判断进一步给孩子提供指导，让孩子获得新的经验，投入新的活动。

这六项专业能力是幼儿园教师区别于中小学教师的重要能力。所以我们说幼儿园教师专业精良，专业在哪里？核心在这里，而不是弹唱跳，弹唱跳的能力够用就行。

3.《教育部关于规范幼儿园保育教育工作，防止和纠正“小学化”倾向的通知》

遵循幼儿身心发展规律，纠正“小学化”教育内容和方式。幼儿园要遵循幼儿的年龄特点和身心发展规律，科学制订保教工作计划，合理安排和组织幼儿一日生活。

什么叫规范？就是让保育教育规则符合一定的准则。准则是科学，从这里可以看出我们的保育教育工作存在不规范的现象和问题，所以要规范。后面还提出“要防止和纠正‘小学化’”，说明“小学化”现象到了一定程度了，才提出这个问题。在这个文件中又提出要遵循幼儿身心发展规律，这个规律在哪里？就在《指南》里。遵循规律，纠正“小学化”现象。小学化的表现在哪里呢？内容、方式都有小学化的倾向。“要遵循幼儿年龄特点和身心发展规律，科学制订保教工作。”——什么叫科学制订保教工作？根据特定年龄幼儿的身心发展规律来制定，就是科学制定。科学的教育是建立在对幼儿发展的了解基础之上的。

要坚持以游戏为基本活动，灵活运用集体、小组和个别活动等多种形式，锻炼幼儿强健的体魄，激发探究欲望与学习兴趣，养成良好的品德与行为习惯，培养积极的交往与合作能力，促进幼儿身心全面和谐发展。

我个人理解“以游戏为基本活动”不是从跨入幼儿园的门槛开始就做游戏做到回家为止。要做到“以游戏为基本活动”，首先我们要在幼儿一日生活中创设宽松自主的环境，让孩子充分发挥积极主动性。因为游戏的精神是自由自主、积极主动。当幼儿在活动中能够充分表现自由自主、积极主动的时候，这在一定程度上体现以游戏为基本活动。其次我们要努力在教育教学的过程中更多采用游戏的方式。所以现在的教育理念中有“教育游戏化”这样一个说法。“以游戏为基本活动”，这是符合幼儿身心发展特点的，因为幼儿是以游戏为生活的。当然，最重要的是要保证幼儿园的自由游戏时间。

“灵活地采用集体、小组和个别活动等多种形式，锻炼幼儿强健的体魄。”——我特别要强调“强健的体魄”，因为对幼儿园的孩子来说，身体发展是第一位的，没有身体发展，其他发展都失去了基础。所以中小学叫“德智体美”，幼儿园叫“体智德美”，“体”在前。中小学叫“教育教学”，幼儿园叫“保育教育”。强调保育教育是因为身体发展对幼儿园是最重要的。“要激发探究的欲望和学习兴趣。”——不是直接让幼儿学习知识，而是等幼儿有了探究欲望和学习兴趣以后，引导他自主学习。那如何让孩子有探究的欲望和学习兴趣呢？我们就要创设一个自由的丰富多彩的环境。如何创设这样一个环境呢？就是我们要了解幼儿的需要是什么，幼儿的兴趣是什么，所以最终还是要回到《指南》，要养成良好的品德和学习习惯，培养良好的交往与合作能力。《指南》对这些都进行了具体的分解，对不同年龄段孩子的特点在《指南》当中都有明确的说法。最终就是要促进幼儿身心全面健康发展。说到这里我们有必要回顾历史，《指南》的精神包括《纲要》的精神不是从天而降的，它们的精神是对历史的继承。1926 年陈鹤琴先生就讲过：

“游戏化的教学法：凡事当做工作做就是痛苦的，当做游戏做就是快乐的。更何况以游戏为生活的儿童。幼稚园的课程很容易游戏化。我相信无论什么工作都可以化作游戏，这就要看教师的能力了。”——《幼稚教育原则之精要》

游戏化的学习方法非常重要。所以当一日生活都当游戏去做了，都有游戏的性质，都具有游戏的色彩了，孩子就可以快乐地生活，就有愉快的童年。他说“更何况以游戏为生活的儿童”。儿童更需要以游戏为内容的方式。他说“幼稚园的课程很容易游戏化”。真的很容易吗？今天我们做到了吗？我一直觉得在这方面我们是需要努力的。游戏化不够，老师说教还是太多，老师的引导还是太多，孩子获得的机会还是太少，所以游戏化是我们努力的一个重要方向。陈鹤琴说：“我想象无论什么工作都可以化作游戏，这就要看教师的能力了。”教师的什么能力呢？不是弹唱跳，是专业能力，就是课程设计的能力。那么什么样的教师能够设计出游戏化的课程来呢？只有那些真正了解幼儿发展，不断在观察幼儿的老师才能设计出来。

这幅画是丰子恺画的，标题叫做《无条件的劳动》。什么劳动才能让孩子感觉到不是别人的要求？能够感到快乐。现在有些家长说要向西方社会学习，说西方社会很好，孩子做多少事情给多少钱，用钱来促进孩子劳动，让孩子从小知道有劳动才有报酬。我们的先驱其实发明的办法比这种办法还要好。办法就是通过游戏让孩子进行劳动，让孩子感受到快乐。丰子恺也好，陈鹤琴也好，他们的思想是一致的，就是要让孩子快乐生活，在游戏中学习。《江苏省学前教育条例》中的有关规定具有积极的指导作用：

严禁幼儿园提前教授小学教育内容。幼儿园不得以举办兴趣班、特长班和实验班为名进行各种提前学习和强化训练活动，不得给幼儿布置家庭作业。

当幼儿园提前教授小学内容了，我们可以说是小学化。现在的兴趣班、特长班、实验班很多，这种班很多是违背幼儿身心发展规律的，和《指南》的精神背道而驰，需要我们警惕。

4. 《幼儿园工作规程》（征求意见稿）

幼儿园教育工作的原则是：

● 体、智、德、美诸方面的教育应互相渗透，有机结合。

● 遵循幼儿身心发展规律，符合幼儿年龄特点，注重个体差异，因人施教，引导幼儿个性健康发展。

● 面向全体幼儿，热爱幼儿，坚持积极鼓励、启发诱导的正面教育。

● 合理地综合组织各方面的教育内容，并渗透于幼儿一日生活的各项活动中，充分发挥各种教育手段的交互作用。

● 创设与教育相适应的良好环境，为幼儿提供活动和表现能力的机会与条件。

● 以游戏为基本活动，寓教育于各项活动之中。

这里讲的几个文件的精神都是一致的，站在同一个立场上。幼儿的身心发展规律，幼儿的年龄特点在哪里？就是在《指南》里。学习《指南》就是学习规律是什么，发展的目标是什么。这里还提出“要合理组织各方面的教育内容”，就是说教育内容不要分得太细太碎，不能割裂，要“渗透于幼儿一日生活的各项活动中，充分发挥各种教育手段的交互作用”，要“创设与教育相适应的良好环境”。——这种环境要支持孩子的主动活动，要能让孩子获得新经验。这个良好的环境里提供的材料要有利于孩子，要提供孩子活动和表现的机会和条件。所以，这些文件和《指南》的精神是一致的。这些文件如果要贯彻落实，就是要通过对《指南》的具体深入的学习。所以我为什么说《指南》的颁布非常重要，因为这些文件都是原则性的，《指南》是它们的具体化，让这些文件变得可落实，可践行。

幼儿教育科学化的核心是“儿童化”。

儿童化意味着：(1)关注儿童的生活。比如儿童的本质特点是游戏，我们需要关注。(2)关注不同年龄段儿童的经验。(3)关注不同年龄阶段儿童的兴趣和需要。

(4)关注不同年龄阶段儿童的活动方式。(5)关注儿童不同年龄阶段之间的延续和关联。这些问题在《指南》里都有详细的表现和叙述，我们可以通过学习《指南》来了解儿童的发展到底是怎么回事，儿童的发展是什么样的顺序和逻辑。只有当我们了解儿童之后，幼儿教育的科学化才有可能。

(二) 可以运用《指南》来解决我们国家当前幼儿园教育中存在的现实问题

幼儿园教育的现实问题主要有“定向教育”“特长教育”“超前教育”、以说教为主的教育，无视游戏，无视儿童主体性，还有评价问题。这些现象在当今中国的幼儿教育中不同程度存在。幼儿教育的“小学化”就是无视孩子的年龄特点，采取了不合适的内容和方式。包括对孩子的评价问题，什么是孩子的发展，我们用什么做标准来评价的问题。

(三)《指南》有利于我们透视家长教育观念和行为当中的问题

目前我们家长的教育观念和行为存在这样三个问题：(1)超越规律。有的家长让孩子去学奥数、学古诗等等，这些内容不是幼儿园阶段要学习的内容，非让孩子学习，这就是超越幼儿阶段。(2)成人至上。成人说了算，孩子的意见不能得到尊重，成人决定孩子的学习内容和学习方式。(3)知识导向。对有些家长来说，好的教育就是孩子获得知识的教育，没有关注孩子的全面发展。《指南》是面向家长的，让家长来了解3—6岁孩子是怎样发展的。从这个意义上来讲，我觉得让家长了解《指南》意义重大，能够改变公众对儿童的认识，能够改变公众对幼儿教育的认识，也能改变公众对幼儿教育质量的认识。今天还有不少家长实际上还是把孩子当作一个容器，认为往里面灌东西就行了，没有把孩子看成是一个积极的主体，他们不知道灌得越多孩子丢失得越多，我们说这是在浪费孩子美好的童年。

二、《指南》的目标和结构

(一)《指南》的目标

对我们国家的幼儿教育来讲，有宏观的目标，有中观的目标、微观的目标。宏观目标是《国务院关于当前发展学前教育的若干意见》：学前教育是终身学习的开端，是国民教育体系的重要组成部分；办好学前教育，关系亿万儿童的健康成长，关系千家万户的切身利益，关系国家和民族的未来。因此我们的目标是为了儿童好，为了家庭好，为了国家好。这是我们宏观的目标。具体的目标在《指南》里：以幼儿后继学习和终身发展奠定良好素质基础为目标，以促进幼儿体、智、德、美各方面的协调发展为核心。《指南》里说幼儿教育让孩子以后的路走得更好，不是要让孩子赶快走到未来去，而是让孩子未来的路走得更好。《指南》提出我们幼儿教育的目标是让幼儿体、智、德、美各方面协调发展，不仅仅是孩子获得知识，也不仅仅是孩子身体的发展；全面发展才是我们追求的目标。

《指南》“通过提出3—6岁各年龄段儿童学习与发展目标和相应的教育建议，帮助幼儿园教师和家长更了解3—6岁幼儿学习与发展的基本规律和特点，建立对幼儿发展的合理期望，实施科学的保育和教育，让幼儿度过快乐而有意义的童年”。

指南里的“规律和特点”和前面几个文件中说的“规律和特点”不一样，不再是笼统的，而是具体的。只有当我们了解了儿童发展的基本规律和特点以后，我们才知道这个年龄阶段结束以后孩子最终可以达到什么样的水平，我们对孩子的期望就应该建立在这个水平上，而不要过高地期待孩子。今天有些家长就是期待过高，所以导致提前教育。“科学的保育和教育”就是建立在了解孩子的基础之上，建立在遵循孩子身心发展规律的基础之上。“让幼儿度过快乐而有意义的童年。”——这里对童年有个限定：快乐和有意义。孩子整天哭丧着脸，这不是快乐的童年，快乐的童年应该有笑脸，有积极情绪。还有一个限定：有意义。有意义意味着孩子能获得经验，能够积极投入到活动中，意味着能积极面对挑战。如果孩子每天重复同样的活动，表面上看孩子在游戏，但是不一定有意义，因为孩子没有面对挑战，没有获得新经验，因此所谓快乐有意义的童年要求老师对孩子深入观察。因为每个具体的孩了在活动的过程当中，他的快乐和意义是不一样的。所以幼儿教育是一项复杂而艰巨的工作，建立在观察幼儿发展的基础之上，建立在了解孩子的基础之上。

（二）《指南》的结构

《指南》从健康、语言、社会、科学、艺术五个领域来描述幼儿的学习和发展。每个领域按照幼儿学习与发展最基本、最重要的内容划分为若干方面。每个方面都由“发展目标”和“教育建议”两部分构成。这是《指南》的基本结构。

目标部分分别对3—4岁、4—5岁、5—6岁三个年龄段末期幼儿应该知道什么，能做什么，大致可以达到什么发展水平提出了合理期望，指明了幼儿学习与发展的具体方向；教育建议部分列举了一些能够有效帮助和促进幼儿学习与发展的教育途径与方法。

《指南》的目标部分中对每个年龄段的描述是建立在科学研究的基础上的，是建立在全国范围内对相应年龄的孩子进行大量的调查基础上的，因此我们说这些目标是有科学依据的。同时我们也要说，这些目标是从调查的一般意义上讲的，对某个特定孩子来讲，不能硬性对应，因为每个孩子都有个体差异。所以在落实这个目标的过程当中，还是要有一定的灵活性。“教育建议部分列举了一些能够有效帮助幼儿成长和发展的教育途径和方法。”——需要注意，途径和方法不止这些，还有别的，我们可以在日常教育中不断地丰富、添加。每个老师面对的问题不一样，处理这些问题的策略也可以是多样化的。

例如，翻开语言领域，我们可以看到第一个是“倾听与表达”，里面有3—4岁、4—5岁、5—6岁幼儿各自应该达到的目标，然后提出一些相应建议，一些建议进行了细化，很具体。指南基本的结构就是目标和建议两大块，同时分成三个年龄段。

这里我来概括一下指南的表述特征：

(1) 目标的叙述是从幼儿角度出发，便于检验幼儿能做什么，可做什么，应作什么。目标的叙述是用发展目标的方式表达的。主语是幼儿。

(2) 教育建议是从成人角度出发的，直接说明成人可做什么，能做什么，该做什么。因此用了引导建议这些语汇。

(3) 对有些教育建议进行了细化和具体化，以求建议的有效性。

(三) 实施《指南》的注意事项

1. 把各项政策文件结合起来，全面完整地理解基本的教育立场、观念和方法

前面的政策文件和《指南》一致。学习和贯彻落实《指南》，我们要有一个坚定正确的立场。

2. 结合幼儿的实际生活来学习，在观察和分析中学习和思考

对《指南》的学习要超越阅读，要进入幼儿的生活，要把对《指南》的学习与幼儿的生活结合起来。因此学习《指南》避免从文本到文本，一定要从文本到现场，从文本到生活，从文本到幼儿。

3. 在实践中完善充实和发展

不同地域的孩子发展特点可能有差别，不同幼儿园招收的孩子不一样，发展会有差别，所以孩子的发展水准与我们对孩子教育的策略也应该有针对性，我们应该要在实践中不断完善、充实和发展相关目标和建议。《指南》不是让我们完全对照机械地执行的，是可以在执行过程中不断丰富、完善和充实的。

(四) 落实和贯彻《指南》的基本要求

1. 关注幼儿学习与发展的整体性

儿童发展是一个整体，要注重领域之间、目标之间相互渗透和整合，促进幼儿身心全面发展，而不应片面追求某一方面或某几方面的发展。

“全面发展、和谐发展”，这是对幼儿教育的基本要求。为什么要追求整体发展呢？因为幼儿是个完整的人，幼儿发展的不同方面之间本来就是有机关联的。幼儿整体发展的观念有深刻的历史背景。我们可以追溯到陈鹤琴先生提出的“五指活动”。

“五指活动”的五指是生长在儿童的手掌上的。意思是一切的活动要在儿童的生活上、智力上、身体上互相联系，连续的发展。如果把这只手当作成人的，那么儿童心身的发展就不能依据正常途径前进，而每次活动也因此变得枯燥乏味，脱离儿童实际生活。因此五指活动要注意儿童生理、心理的发展，要关注儿童的生活实际。

“五指活动”就强调了学习的整体性和关联性。陈鹤琴先生当年把幼儿园课程称为“五指活动”，就是五个方面的活动，这五个方面的活动被他比喻成孩子的五个手指，这五个手指长在孩子的手掌上，这五个手指是：健康、语文、科学、艺术、社会。用手来比喻有四个方面的含义：(1)手指之间是血脉相通的，是有机联系的。如果手指被压掉了或者装了个假的手指，那么这根手指和手之间就不是有机联系，而是机械联系。(2)五个手指看上去有的短有的粗，是不一样的，这说明五个课程活动各具特点，不可或缺，每一种活动都有其自身价值。(3)五个指头是有弹性的，是伸缩的，是灵活应变的；课程不是死的，是可以变化的，不是硬性规定，可以根据情况灵活应变。老师准备讲一个故事，但是外面下雪了，这个故事讲不下去了，赶紧出去看雪吧！这就是弹性，这就是灵活。(4)一个手指拿不起杯子，另外一个手指拿不稳，五个手指都发生作用是拿得最稳的，也就是要五个方面共同实现儿童的全面发展。陈鹤琴先生用“五指活动”来说明五个方面应该共同促进孩子的发展。我们不能就发展某几个方面。其中陈鹤琴先生提出的核心的问题是——“孩子手指是长在孩子的手掌上的”。为什么他要强调这一点？因为手掌就是生活，幼儿的课程来源于幼儿的生活，如果幼儿的生活长在成人的手掌上，不是来自幼儿身上，就是成人的生活，这种课程是违背幼儿身心发展规律的，不能适合孩子的需要，所以这种课程不是科学的课程。所以陈鹤琴先生当年就这个问题已经说得很清楚了。他还说这五个方面在幼儿身上结成一个教育的“网”。网是既有经线又有纬线，横向纵向相互贯通，我们现在说要注重横向与纵向的有机联系，既要注重纵向的逻辑性，也要注重不同内容之间的有机关联，陈鹤琴当年用“网”这个比喻已经说清楚教育的整体性了。所以我觉得《指南》里说要注重整体性是有深刻的历史渊源的。

“五指活动”的五类活动：

- 儿童健康：包括饮食、睡眠、早操、游戏、户外活动、散步等。
- 儿童社会：包括朝夕会、周会、纪念日集会、每天的谈话以及政治常识等。
- 儿童科学：包括植物之培养、动物之饲养、自然现象的探讨、当地自然环境的认识等。
- 儿童艺术：包括音乐（唱歌、节奏、欣赏）、图画、手工等。
- 儿童语文：包括故事、儿歌、谜语、读法等。

陈鹤琴先生提到的“五指活动的五类活动”，不是五大领域，他关注的是五种活动，也就是让孩子做的五类事情；千万不要理解成五类具体的知识，也就是说在陈鹤琴那里，这“五指活动”是要让孩子动起来做事的，在做事过程中学习和发展。

2. 尊重幼儿发展的个体差异

幼儿的发展是一个持续的、渐进的过程，同时也表现出一定的阶段性特征。每个幼儿在沿着相似进程发展的过程当中，各自的发展速度和到达某一水平的时间不完全相同。

每个孩子有个体差异，我们既要关注全体孩子，不能落下一个孩子，不能无视一个孩子，同时也要注意每个孩子都有自己的特点，要关注个体差异。我们既要关注班上发展得比较好的孩子，也要关注班上发展得比较弱的孩子。因此扶弱和促优要并举，要让发展得好的孩子更好，不能让好的孩子只在那里陪那些弱的孩子，就不发展了，那不是好的教育。好的教育是让每个孩子在原有水平上得到更好发展。

要充分理解和尊重幼儿发展进程中的个别差异，支持和引导他们从原有水平向更高水平发展，按照自身的速度和方式到达指南所呈现的发展“阶梯”，切忌用一把“尺子”衡量所有的幼儿。

每一个孩子都有向更高水平发展的权利，所以我们要给他们提供机会。《指南》呈现的是一个发展“阶梯”，让孩子在不同的阶梯上不断迈向新的高峰，这是我们所期待的。所以不能用一把“尺子”衡量所有幼儿，每个孩子都是有差别的。

3. 理解幼儿学习的方式和特点

幼儿的学习是以直接经验为基础，在游戏和日常生活中进行的。要珍视游戏和生活的独特价值，创设丰富的教育环境，合理安排一日生活，最大限度地支持和满足幼儿通过直接感知、实际操作和亲身体验获取经验的需要，严禁“拔苗助长”式的超前教育和强化训练。

幼儿学习的方式和特点与中小学生是不同的。中小学生的学习是以书面符号，尤其是以文字为主来进行学习的。而幼儿的学习通过直接感知进行，所以直接经验对孩子特别重要。如何让孩子获得直接经验呢？我们仅仅给他们提供书本是不能给他直接经验的，所以《指南》提出“要创设丰富的教育环境，合理安排一日生活”。对幼儿园孩子来讲，不是要让他坐在那里认真听，而是要让他直接感知、实际操作和亲身体验。这是幼儿园孩子学习的方式，这点和成人、中小学生的学习都不同。

怎么来进行直接感知和亲身体验？就要为孩子创设相应的情境，为他们提供相应的材料。这是幼儿教育的难点。这种以直接经验为方式的教育也是有历史渊源的。

1926年陈鹤琴在《幼稚教育原则精要》里说：

“丰富儿童的经验。一切直接经验都是以儿童亲身力行得来的，教育者无论如何不能代替儿童做事，也无论如何不能完全用抽象的概念来施教。有些经验是间接的，在人们生活里占重要位置，但无法用实物教，可用逼真的图片。不过这样的教法要减少到最小限度。”

我们今天的思想和陈鹤琴先生当年是一脉相承的。他认为最重要的方式还是直接经验、实际操作。

1948年陈鹤琴在《活教育》中说：

“‘做’这个原则，是教学的基本原则，一切的学习不论是肌肉的，不论是感觉的，不论是经验的，都要靠‘做’的。所以凡是儿童能自己做的，就应当让他自己做。”

“所以无论是做什么，做是幼儿学习的基本方式，做都是重要的。幼儿园课程到底是什么？就是做事，做有意义的事。”

陈鹤琴在《幼稚教育原则之精要》里说：

“有用的动作：

(1) 能否引起儿童的全副精神？

(2) 做了以后能否得着有价值的结果？

(3) 是否能引起其他有益的动作？”

“让孩子做”是指要让孩子做有用的动作。不是做事就行了。我们要看做这件事对孩子有没有用。那么，什么样的事是有用的呢？从根本上来说获得直接经验是有用的，陈鹤琴讲了上面三个方面。“能否引起儿童的全副精神？”——就是能不能让自己主动地投入，积极地关注？“做了以后能否得着有价值的结果？”——也就是说做了以后能不能得到有益的经验，有没有新的经验，做的过程中有没有面对挑战。“是否能引起其他有益的动作？”——做了以后孩子有没有后继活动的冲动。有些孩子经常会缠着老师说：“老师，能不能再给我们玩一会儿？下次我们还玩这个好不好？”说明孩子有后继活动的冲动。他希望获得更多的经验，这就是我们所期待的。

同样的，张雪门对这个问题也有很多独到的见解。

“前人是教法和教材并重，运用的人在乎教师。现在是材料和方法在行为中是一件事的两面——没有了材料就没有了方法，离开了方法就不会有材料。而运用的人却是在于儿童。前人的教材多半是熟料；现在所取的多半是原料。前人的教法是按照成人的论理的程序，现在的方法是出于儿童行动的思考。”

也就是说，以前是以教师为中心，要从教师中心转到儿童中心。原料是需要加工的，由孩子来加工，孩子在材料加工中不断获得新经验，获得他需要的经验，这样孩子就有感悟了。现在的教法注重孩子是如何行动的，关注孩子行动的逻辑，而不是学科的逻辑，不是成人的逻辑。张雪门的思维和陈鹤琴的很像。

“经验不是特殊的东西，经验是与环境接触而来的。要明白儿童的经验须从儿童的环境估量入手。进幼稚园时候儿童的环境，离了家，就是幼稚园，此外还有附近的街上。儿童在这三种环境中，每天从早到晚，凡耳所听，目所见，手所触，鼻所嗅的都是经验。这些经验若分析起来，不外乎社会和自然。”

环境越丰富经验越丰富，有什么环境就有什么样的经验，所以经验与环境是连在一起的。我们想让孩子获得什么样的经验，就要创设相应的环境。他特别强调，凡是孩子“耳所听，目所见，手所触，鼻所嗅的”都是经验，经验是从感官中得来的，这是他提出的一个重要的观点。这个观点与《指南》中的意见一致，就是要从直接经验中学习。张雪门还强调要关注现实生活，现实当中的很多事情，比如扫地、种植物、养蚕都可以让孩子获得直接经验，让孩子在实际行动中直接学习。

“所以教师对于幼童，不要仅凭抽象的言语或线条的图画，来介绍类别的教材。只要常常运用自然和社会环境，唤起其生活的需要，扩充其生活的经验，培养其生活的力量。若教师真能够做到这样，这便是行为课程了。”

今天我们的老师太在意文本的教材了。张雪门要求我们的课程要关注自然，关注社会，就像陈鹤琴说的“大自然大社会是活教材”，通过接触生活来获得经验和发展能力，行为课程就是能获得直接经验的课程。所以《指南》的精神和历史上教育家们的思想是一致的。

“直接经验的获得，既不是由于言语，更不是由于书本，当然由于动作的行为，行为是整个的。从行为性质上的分析，我们固可以分作这是文字、识数，那是自然、社会，那可是什么什么。但行为的活动好像一长串的合金链子，无论时间和空间都分不开。”

对孩子来说，行为的方式有很多种，其中我们希望孩子去观察、探究、交往、表达，这些方式都是孩子学习的重要方式，至于说如何观察探究可以进一步讨论。另一个我们特别要强调,孩子的活动都是主动活动,充分表现孩子的主动性创造性。

幼儿主动活动的要素

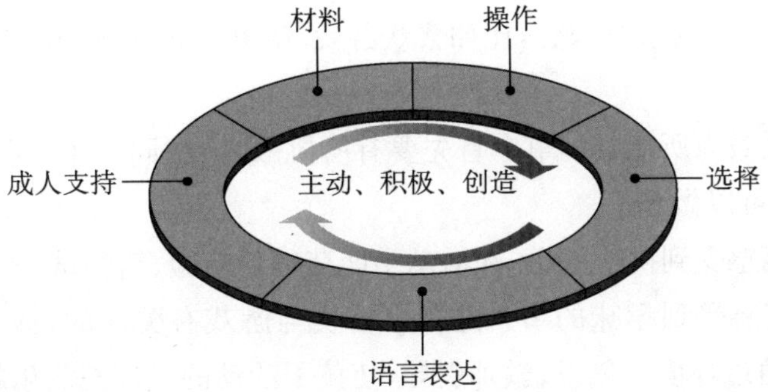

主动活动的要素有:(1)孩子有选择权。(2)孩子有操作的可能。(3)孩子有操作的材料。(4)有语言的参与。在操作的过程中孩子可以表达自己的感受。(5)教师的指导和帮助。在孩子遇到困难时能够随时获得老师的指导。主动活动不是没有老师的,而是随时都可以获得老师的帮助。

4. 重视幼儿的学习品质

幼儿在活动过程中表现出的积极态度和良好行为倾向是终身学习与发展所必需的宝贵品质。帮助幼儿逐步养成积极主动、认真专注、不怕困难、敢于探究和尝试、乐于想象和创造等良好学习品质。忽视幼儿学习品质的培养,单纯追求知识技能学习的做法是短时而有害的。

幼儿的学习品质对其后继的学习和一辈子的发展非常重要,培养孩子的学习品质是幼儿教育的重要任务。在孩子每一个发展方面我们都要关注孩子的学习品质,要将其融入到孩子的五个领域的学习之中,要充分保护幼儿的好奇心与学习兴趣,这是孩子学习的动力。最核心的几大学习品质就是:积极主动、认真专注、不怕困难、敢于探究和尝试、乐于想象和创造。这些品质的培养都要经过长期努力,都是要与日常教育行为相结合,不是上一节课就可以培养孩子的积极性和主动性,积极性和主动性的培养要贯彻到孩子一日的生活中。要在一日生活当中随时地关注孩子的学习品质问题,不能把注意力仅仅放在孩子的知识上,这是不合理的。学习品质是《指南》当中强调的非常重要的内容。虽然它不是一个专门的领域,但是每个领域都要贯彻培养学习品质的这个精神。

根据上面的阐述,我们来进行总结:幼儿的学习、幼儿园的课程就是让孩子做事,就是在行动当中学习。幼儿的学习就是以直接经验的获得为主要途径。所谓课程就是做事,不是随便做事,而是做到以下几点:

（1）做符合幼儿需要的事。《指南》对各个年龄阶段的孩子每个方面的需要都有充分描述。

（2）做适合幼儿天性的事。幼儿园阶段的孩子有一些固有特点，这些特点对孩子很重要，是其天性的重要部分，比如喜欢游戏、亲近自然，因此我们要做符合孩子天性的事。

（3）让幼儿做力所能及的事。首先要有所挑战，不在同一水平打转，要求又不要过高，经过努力可以做到。

（4）孩子能感受到挑战的事，在活动中能获得新经验、新尝试。

（5）幼儿能感受到趣味的事。这种事情实与游戏有关联的，孩子从中能体会到快乐。我们就通过环境的创设、教师引导，使孩子活动的过程充满乐趣。

（6）幼儿能做有思维参与的事。我们希望孩子不满足于做事，在做事的过程中不断思考，让孩子寻找原因，比较差别，追踪，学会使用工具和方法，让孩子获得发展。

所以课程就是做事。不是让孩子做重复的事，而是做真正能促进他不断向前发展的事。不断向前发展是有规律的，这个规律就是《指南》当中陈述的不同年龄阶段幼儿不同的身心发展规律。所以《指南》告诉我们：从根本上来说，教育的目的和唯一的质量标准就是幼儿的发展。《指南》的核心内容就是陈述幼儿的发展，“教育建议”就是让幼儿更好的发展。所以我们去衡量《指南》指导下的教育实践，用什么去衡量？就是去看幼儿是不是在原有水平上不断向前发展。

第二讲

《指南》中的学习品质

鄢超云　魏　婷

《指南》的"说明"部分，强调实施《指南》时应把握好的一个原则——重视幼儿的学习品质，并明确指出："幼儿在活动过程中表现出的积极态度和良好行为倾向是终身学习与发展所必需的宝贵品质。要充分尊重和保护幼儿的好奇心和学习兴趣，帮助幼儿逐步养成积极主动、认真专注、不怕困难、敢于探究和尝试、乐于想象和创造等良好学习品质。忽视幼儿学习品质的培养，单纯追求知识技能学习的做法是短视而有害的。"这一段话，非常明确地指出了学习品质是什么（积极态度、行为倾向），学习品质包括什么（积极主动、认真专注等），学习品质的重要性（忽视学习品质是短视而有害的）。《指南》颁发以来，这段话是大家关注较多、解读较多的。我们认为，仅仅从这一段话来理解儿童的学习品质问题是远远不够的。事实上，《指南》的各个领域，从目标到教育建议，都蕴含、渗透着学习品质的培养。

一、学习品质是什么

提到"品质"，人们容易想到的是"质量""道德品质"，比如，我们可以说一个产品、一项服务很有品质，这里指的是产品或服务的质量高；提到一个人的思想、言行时，这里指的是其体现出来的人品高尚等。目前有一些关于学生学习品质的文献，但大多是在"学业成绩"导向下对中小学生学习习惯方面的强调，有一定的局限性。

《指南》中的学习品质，所对应的英文是 approach toward learning，而非 learning quality（学习质量）。有学者将 approach toward learning 译作学习方法、学习方式，但这种意义上的学习方法不能等同于人们常说的学习方法（learning method）。后者更指向了相对具体的方法，如怎样记住一个事实，如何进行观察等。相对而言，"多彩光谱"中的"活动风格"（learning style）①更接近于《指南》中的学习品质概念。另外，也有研究者用 learning dispositions 表达与 approach toward learning 基本相同的意思，

① 玛拉·克瑞克维斯基：《多元智能理论与学前儿童能力评价》，北京师范大学出版社，2002 年版，第 240—241 页。

强调应将学习品质与知识、技能、情感一起，作为课程开发的目标。①

1991 年，美国“国家教育目标委员会”(National Education Goals Panel)中专门负责“目标 1：入学准备资源”的工作小组(负责人为 S. L. Kagan)，提交了他们的报告(National Education Goals Panel，1991，September 4)。这个报告指出了后来被广为采用的“学习与发展”的五个领域，即身体与动作发展(physical well-being and motor development)、社会与情感发展(social and emotional development)、学习品质(approaches toward learning)、语言发展(language development)、认知与一般知识(cognition and general knowledge)。在随后美国各州所研发的“学习与发展指南”中，均非常重视学习品质这一内容，不少州将学习品质作为一个单独的领域。在我国《指南》的研发过程中，联合国儿童基金会委托的指导专家正是 Kagan 教授。

在《指南》的“说明”部分里，指出了学习品质是“积极的态度和良好的行为倾向”。更详细地说，学习品质指能反映儿童自己以多种方式进行学习的倾向、态度、习惯、风格等。它不是指儿童所要获得的那些知识、技能本身，而是儿童怎样使自己去获得各种各样的知识、技能。生活中不难发现有这样的人：拥有某种技巧，却缺乏使用该技巧的兴趣、意愿或习惯，“拥有”并不等于“会使用”。

在儿童的学习与发展中，学习品质并不是一个单独的领域，而是渗透于健康、语言、社会、认知、艺术等各个具体的领域之中的。或者说，五大领域所交叉的部分，就是儿童的学习品质，其中相互关系参见图 1。

图 1　学习品质与五大领域的关系图

① L. G. Katz：Dispositions as Educational Goals. ERIC Identifier：ED363454. 或参见 L. G. Katz：《学习的气质》，载《与幼儿教师的对话——迈向专业成长之路》，南京师范大学出版社，2004 年版。笔者认为，将 learning dispositions 译作“学习气质”，影响了人们的阅读、理解与运用。新西兰的 Margaret Carr 也从这个角度，对学前教育中的学习品质培养问题进行了探讨。

二、为什么要强调学习品质

中国有句俗话，叫“三岁看大，七岁看老”。但是，三岁何以看大，七岁何以看老？能够“看大”“看老”的东西，一定是儿童学习与发展中非常重要的东西。由于学习品质是五大领域所交叉的部分，因此，它正是这些能够“看大”“看老”的内容。考虑到中国文化中对读、写、算的高度重视，且极容易出现偏重知识获得与技能训练的现象，强调在知识技能学习的同时，重视儿童的学习品质培养，这对当前的学前教育、中小学教育是非常有现实意义的。

美国学者 Kagan 博士坚持将“学习品质”作为一个单独的学习与发展领域来看待和研究，他的理由主要来自以下两个方面：第一，儿童仅仅获得知识、技能和能力，并不一定导致其发展的成功，他们还必须学会如何使用这些已获得的技能和能力。这也就是说，拥有一种能力并不一定意味着会使用这种能力。比如，儿童具有听的能力（听觉器官没有问题），他可能成为，也完全可能不能成为好的听者。第二，仅仅关注技能，将技能视作教育的一种最终结果，可能会使儿童不倾向于去运用这些技能（哪怕已经获得）。Katz 就曾指出，纯粹的早期阅读训练（而不是将阅读技能渗透于活动之中）会阻碍儿童成为一个好的阅读者。①

事实上，Katz 教授对于为什么要重视学习品质，提出了他的看法。Katz 认为，我们应将“培养想要的学习品质”与知识、技能、情感一样，单独作为一个类型的教育目标，其理由如下：②

第一，光是学会知识与技巧并不能保证儿童会使用这些知识与技巧，学习品质是促使儿童使用已经学会的知识与技巧的重要因素。一个通俗的道理是，“拥有”并不等于“会使用”。比如，不少同伴关系不佳的儿童，他们是知道该如何与同伴交往的，也拥有交往的技巧，但却不倾向于去运用这些知识与技巧。技巧是可以靠练习来改进的，但是，使用技巧的品质则必须靠教学策略才能培养。

第二，传授知识与技巧的教学过程可能会伤害使用该知识与技巧的品质。如上所述，阅读训练可能会使儿童具有阅读的技巧但不喜欢阅读。体育训练、钢琴训练、绘画训练等，也会“训练”出大量拥有知识技巧但不喜欢这项活动的儿童。有相当一

---

① Kagan, S. L., Moore, E., & Bredekamp, S. Reconsidering children's early development and learning: Toward common views and vocabulary. Report of the National Education Goals Panel, Goall Technical Planning Group. Washington, DC: U. S. Government Printing Office, 1995.

② L. G. Katz:《学习的气质》，载《与幼儿教师的对话——迈向专业成长之路》，南京师范大学出版社，2004 年版，第 55—57 页。在引用时，为便于读者阅读，将“气质”替换为“品质”，“学习气质”替换为“学习品质”。

部分厌学的儿童，并非其自身不具有进行学习的知识、技能与能力，而是在他们获得这些知识、技巧、能力的过程中，伤害了他们的学习品质。

第三，一些教育上很重要的品质，如好奇、兴趣、探究、想象等，可能在幼儿出生或幼儿早期就已经具有了。这些品质如果得到恰当、适宜的支持，就会得到加强；反之，则可能会被削弱。幼年时没有学到的知识、技能可以晚些时候再学，但品质一旦受到伤害或消失，则很难再恢复。

第四，学习品质有好有坏，教师应想办法增强想要的品质，削弱不想要的品质。

第五，对幼儿的赞美不应过度，过度的赞美可能会伤害儿童的学习品质。当幼儿过于在意自己的表现与别人的看法时，往往不能真正地投入工作，也就不能很好地培养良好的学习品质。这一点在当前过度泛化、异化“尊重儿童”“以人为本”概念的背景下，特别具有启发意义。

第六，学习品质应该是评价一所幼儿教育机构的重要方面。

第七，儿童不太可能从直接的教导中学习品质，而更多地是从目睹身边的人所展现出的品质中模仿学习而来的。因此，成人应该经常反问自己：“孩子从我身上看到了哪些品质?”

L. G. Katz 的这七个理由，不仅仅是在讨论学习品质的重要性，同时也指出学习品质的形成机制、培养策略。

三、 学习品质包括什么

在《指南》“说明”部分，列举了“好奇心和学习兴趣”“积极主动、认真专注、不怕困难、敢于探究和尝试、乐于想象和创造”这样一些学习品质，这些都是对于一名儿童的终身学习与发展来讲“重要而存在问题”的方面。事实上，人们对儿童的学习品质究竟应该包括什么内容，有着并不完全一致的看法。下面我们列举美国各州“学习与发展指南”中学习品质的一些内容①。

特拉华州：主动与好奇（用所有感官参与各种任务、活动，在成人指定范围内做出独立的选择，灵活、富有想象、创造、自信地参与活动，对讨论各种各样的主题、思想、任务等表现出热情与好奇）；参与与坚持（能够集中注意并完成任务、活动，在游戏中能制订计划并按计划行动）；推理与问题解决。

爱达荷州：在发现、学习一个新事物时，表现出兴趣、好奇，愿意冒险；坚持并完成系列活动、任务的能力逐渐加强；反思经验并从经验中学习的能力逐渐加强；设置目

---

① 鄢超云：《学前教育评价》，高等教育出版社，2010 年版，第 97 页。

标、遵循计划的能力逐渐加强。

俄克拉荷马州:学习中的热情与兴趣;形成与发展听的技能;自我指导与独立;设立目标、形成计划、遵循计划的能力逐渐加强;活动之间的有效转换;对规则、常规的理解、接受与遵守;找到问题、任务的一个以上的答案的能力逐渐加强;通过积极的探索,包括尝试错误、与同伴和成人交流讨论等方法认识、发现并解决问题。

罗德岛:游戏(在参与游戏中形成自己的学习风格);好奇心(对任务与挑战表现出好奇并愿意参与);坚持性(为完成工作而主动接受帮助、冒险的能力逐渐加强);自我组织(设立目标、形成计划、实施计划的能力逐渐加强);推理(发现解决问题之可能途径的能力逐渐加强);应用(儿童用先前的经验、感觉、知识以学新东西或以新的方式学)。

佛罗里达州:热情与好奇(展现出作为一个学习者的好奇心与求知欲);坚持;创造与发明。2005年增加:计划与反思(反思并从经验中学习,设置目标并照着计划去做)。

明尼苏达州:好奇心;冒险;想象与发明;坚持;反思与解释。

北卡罗来纳州:思考、处理和运用经验;好奇、寻求信息和热情;冒险、问题解决与灵活性;坚持、注意与责任感;想象、创造与发明;审美敏感性。

南卡罗来纳州:以游戏的形式发展自己的学习方法;表现出一个学习者的热心与好奇;学习中表现出参与、坚持与主动;自我组织的能力越来越强;推理和记忆的能力越来越强;运用先前的知识经验拓展自己的学习。

威斯康星州:好奇、参与与坚持(对新任务与挑战好奇并保持开放,不排斥;在主动参与、坚持、集中注意的过程中拓展学习);发明与想象(运用发明与想象拓展自己的学习)。

在美国“提前开端计划”的“儿童发展与早期学习框架”中,也将学习品质单列为一个内容,并提出了一些具体的目标与期望:

主动与好奇:对多种多样的话题、活动感兴趣,渴望学习,拥有创造性,独立学习。具体表现为:在完成任务、开展活动的过程中能灵活想象、有创造性;充满了学习的渴望,愿意讨论各种话题、想法、任务;问各种问题,寻求新信息。

坚持与专注:有头有尾地做完事情(任务)。具体表现在:保持对活动、任务、项目的兴趣直到结束;设立目标,制订计划,实施计划;面对困难、挫折、失败时,能集中注意、不分心或继续努力。

合作:对小组活动的参与兴趣。具体表现在:与同伴一起计划、发起和完成学习活动;参与别人的游戏,邀请他人参加游戏;小组中的帮助、分享与合作。

归纳起来,我们认为儿童的学习品质主要包括如下几个方面:好奇与兴趣、主动性、坚持与专注、想象与创造、反思与解释。根据图1所呈现的学习品质与《指南》中五大领域的关系图，我们可以从《指南》文本中，找出学习品质的具体内容。

表1　《指南》中学习品质

	健康	语言	社会	科学	艺术
好奇与兴趣					
主动性					
坚持与专注					
想象与创造					
反思与解释					

比如，健康领域的导言部分指出："幼儿身心发育尚未成熟，需要成人的精心呵护和照顾，但不宜过度保护和包办代替，以免剥夺幼儿自主学习的机会，养成过于依赖的不良习惯，影响其主动性、独立性的发展。"这可以理解为对儿童主动性的强调。再比如，语言领域中"目标2 愿意讲话并能清楚地表达"中的"能基本完整地讲述自己的所见所闻和经历的事情"，不仅仅将其理解为语言发展的目标，也是儿童学习品质中"反思与解释"的一个体现。

四、学习品质的具体内容解读

（一）好奇与兴趣

好奇是人和动物的一种本能。好奇是与人和动物的惊奇情绪相联系的，由新奇刺激所引起的一种朝向、注视、接近、好奇、探索心理与行为活动。① 幼儿天生就有着强烈的好奇心，但这种好奇心的强烈程度是有差异的，而且也会因随后的环境而有巨大的变化。

兴趣是人们力求认识某种事物和从事某项活动的意识倾向，表现为人们对某种事物、某项活动的选择性态度和积极的情绪反应。② 如果说好奇心是强烈的本能，会受到环境的很大影响；兴趣则是有一定的先天性，更多的则是后天环境熏陶、培养的结果。一个人的兴趣有广度与深度之分，有的人兴趣广泛、爱好多，有的人兴趣不太广，但却很有深度。

学前儿童的好奇心与兴趣通常包括：具有好奇感，有寻求新信息的兴趣，对新知识的敏锐，渴望学习等。也就是说，好奇心与兴趣，通常是在儿童面对新的人、事、物

---

① 朱智贤主编：《心理学大辞典》，北京师范大学出版社，1989年版，第264页。

② 《心理学百科全书》编辑委员会：《心理学百科全书》，浙江教育出版社，1996年版，第269页。

时,有进一步学习、探索的好奇与兴趣。儿童面对“新”东西的倾向性,能表现出儿童的好奇与兴趣的程度。学前儿童的好奇与兴趣,通常会不断从对物、人,逐渐拓展到对主题、思想、任务这样一些社会性领域。

提问是儿童好奇与兴趣的重要表现形式。因此,教师可以根据儿童提问的频率、提问的类型、所提问题的质量、如何面对自己所提出的问题等角度来间接地考查儿童的好奇与兴趣。具体地讲,有的儿童经常提问,有的儿童较少提问;有的是“是什么”的问题,有的是“为什么”的问题,还有的是“怎么样”“怎么办”之类的问题;有的问题质量比较高,儿童的思维参与程度比较高,而有的问题则是儿童随便问问,问题的质量并不高;有的儿童只是提出问题,习惯从别人那里获得答案,以他人告诉问题的答案为终结,而有的儿童提完问题后,还会自己猜测问题的答案,甚至会通过调查、对比、实验、查阅资料等多种方式来验证自己的猜测。

对自然事物的态度也是儿童好奇与兴趣的表现形式。在儿童周围,总是有着各种各样的自然事物,儿童对这些自然事物的态度,是接近还是疏远,能看得出儿童的好奇与兴趣。这种好奇与兴趣既可能表现在对新的事物的态度上,也可能表现在对同一事物不同时期的态度上。比如,当儿童面对一种新的动物时,可能表现出好奇与兴趣;在面对自己每天都玩的玩具时,也可能表现出好奇与兴趣。对于年幼儿童来说,大多有一个属于自己的“百宝箱”,在不少成人看来是“垃圾”的东西,对儿童来说则是宝贝,这就是儿童好奇与兴趣的一种具体的表现。

儿童对人、对社会事件的态度也能表现出其好奇与兴趣。比如,对周围发生的事情感兴趣,参与讨论等。以前在对儿童好奇与兴趣的评价中,更多地关注了儿童对自然现象的好奇与兴趣,对儿童的社会好奇、兴趣的关注明显不足。

下面是学前儿童好奇与兴趣的一些具体表现。

出生—18 个月:对周围的人感兴趣,如通过改变自己的行为而表现出来。对新声音、语调表现出兴趣,如变得更加安静或积极,改变自己的面部表情等。对环境里的新东西表现出兴趣,想去弄一弄,动一动,或者是盯着看。运用自己的各种感官去探索环境(如伸手去摸雨)。

18 个月—36 个月:对当下的环境积极探索,找出有什么(如询问一个他所找到的新东西,收集玩具等)。对新的活动、别人的活动表现出兴趣。提出一些简单的问题(如为什么、有什么、在哪里等)。对熟悉的人问问题。

36 个月—60 个月:通过问问题来获得自己想要的信息(如“那个是什么东西?”“为什么月亮是圆的?”等)。用材料进行探索或做实验。对他人怎么做事,为什么要做那件事情表现出兴趣。运用“为什么”之类的问题获得周围世界运作的知识。有自己相对比较稳定的兴趣(如火车、农场、动物等)。

60个月—72个月：参与讨论新事物或一些突发事件（如“怎么会这样呢？”）。对周围环境中的变化提出问题。对野外活动或到一些新地方表现出极大的热情。在他人帮助下，寻求新信息。

（二）主动性

学前儿童的主动性对其随后的学习质量会产生很大的影响。“调查中发现，在影响学习适应能力的社会性适应能力诸因素中，儿童的主动性尤其明显，说明儿童是否具有学习和交往活动中的主动性、积极性，将大大关系到入学准备与适应状况。”①幼儿园老师、小学老师通常也会提到儿童学习的主动性问题。究竟什么是主动性？主动性仅仅是儿童社会性发展的一个方面？主动性是否等同于独立性？在儿童心理学、教育心理学中，对儿童学习主动性的界定不甚清楚，因而人们即使知道学习主动性很重要，但却仍然难以开展评估。

主动性是指个体面对任务时表现出来的积极性程度的状态。与主动相反的是被动，即在他人推动之下做事。如此看来，主动性与积极性、独立性是紧密联系在一起的。但在讨论儿童的学习品质时，不能用独立性、积极性代替主动性，因为学习主动性有着比较明确的、独特的内容。

学前儿童的学习主动性首先表现为面对任务的态度。比如，儿童是否肯接受任务，是否愿意参与各种学习活动，在学习新东西时是否能够合理冒险，等等。在此有两个方面的内容需要讨论。第一是“什么样的任务”。我们都知道，当面对自己喜欢、愿意的任务和活动时，儿童总能表现出极大的积极性，比如，喜欢玩的游戏、玩具，喜欢看的动画片。另外一类任务是儿童并不非常喜欢，但是必须要完成的，如收拾、整理玩具。这两类任务和活动都能表现出儿童的主动性程度。第二，当儿童面对一个任务时，总是有一定的“风险”的，比如，可能会失败，儿童对“风险”的态度能够很好地看出儿童的主动性。要注意的是，这里的“风险”指的是儿童“合理冒险”（take reasonable risks），并不是说儿童鲁莽、粗心是主动性的表现。合理冒险既指向儿童敢于尝试一些有难度的、有挑战性的活动，也指向那种有风险的活动（如既可能成功也可能失败的活动）。

另一个考查儿童学习主动性的角度是儿童的目标意识，以及设立目标、形成计划、实施计划的能力。事实上，主动性也可以定义为个体按照自己规定或设置的目标行动，而不依赖外力推动的行为品质。按照这种定义来理解，“目标”是主动性中的核心要素。对于学前儿童来说，是否有计划意识，是否能够制订计划并根据计划行动，

① 朱慕菊主编：《“幼儿园与小学衔接的研究”研究报告》，中国少年儿童出版社，1995年版，第75页。

既是儿童学习主动的表现，也是儿童有良好学习习惯的一种表现。

案例 1

在丹麦一所小学看到这样一个情景：户外有一所木屋，大约 2 米高，有三个女孩子站或坐在屋顶上面玩耍。这个木屋，是专门修来供孩子自由攀爬的。反思：在我们今天的教育中，不管是体育，还是其他教育内容，我们怎样给儿童一些有挑战性的一种任务、活动？没有有挑战性的活动，就看不到儿童的主动性，就没有办法去通过这样的方式培养儿童的主动性。主动性的培养需要有这样有一定难度、有一定挑战性的任务，没有挑战性的任务很难实现主动性的培养。

案例 2

一个 1 岁 4 个月的宝宝，在与老师一起穿珠子。老师穿的速度非常慢，当老师穿好一颗后，孩子将另一颗珠子递给老师，让老师继续穿。穿珠活动进行了一段时间，这个宝宝需要换尿不湿了，在老师的提醒下，宝宝自己走到换的地方自己脱下裤子。孩子自己脱时候，老师轻轻地帮他把尿不湿拉下一点便于孩子脱下；在孩子穿的时候，老师又悄悄帮他把纸尿裤提上一点。在老师的提醒下，宝宝将自己的尿不湿扔进垃圾桶，同时宝宝自己拿了一个尿不湿，用动作请求老师帮他穿上。

反思：在上面情景中的幼儿有主动性吗？在穿珠子活动中，这么小的孩子是无法完成的，孩子会把珠子拿给老师穿。第二个场景换尿不湿，可以更清楚地看到，这个孩子自己是没有办法换尿不湿的，如果老师帮得多，就是包办代替，过程中既要帮助也要注意帮到一定的程度，发展孩子的自主性，脱的时候稍微拉下来一点，让孩子自己拉；穿的时候也是，稍微向上提上去一点，让孩子自己穿。还有一个细节就是换下来的尿不湿，孩子丢在地上，老师捡起来，放在孩子的面前，提醒孩子自己去扔掉，这里看上去是生活环节，实际上是在培养孩子的积极性、主动性，愿意去承担这样的任务，同时也能看到孩子的积极性和主动性。

案例 3

在案例 2 所在的班级中，一名不足 2 岁的儿童在自己换尿不湿，老师没有帮忙。

这个小孩在换尿不湿。上一节课我们看到那个小孩在换尿不湿，老师是在帮他，脱下来提上去，这个小孩老师没帮。老师可能就会有一个判断，认为这个小孩自己应该能够完成。

我想问一下各位老师，这个小孩为什么会像赵本山演小品一样跺脚呢？注意到这个细节了么？应该是哪个地方还没有穿好，是不是？或者穿得不是很舒服。其实也说明这个小孩要自己换尿不湿，从能力来讲还不是非常熟练，但是，老师要让他自己来做这个事情对他来讲有一定的挑战性，有一定的难度。他不能够很快把它穿得非常非常的好。所以，从这一点来看，跟上一节课讲的，关于主动性，我们要给孩子一些任务，在这些任务当中，可能还是有一些难度，有一定的挑战性的，还要面临一些困难。如果你认为任务就是让他去看动画片，让他兴奋起来，那么我们对这个任务的理解不见得正确。

下面是学前儿童学习主动性的一些具体表现。

出生—18个月：积极探索周围的新东西。与熟悉的成人、儿童互动（如微笑、接近、不退缩）。表达出想吃东西的愿望。从几个里选出一个（如图书、玩具）。表现出对活动、经历、互动的喜欢与不喜欢。

18个月—36个月：尝试用新方法做事情，开始能够冒一定的风险。与别的小朋友一起，发起游戏。在众多活动里选择某一个活动，并且在随后的一段时间内一直从事该活动。提出如何安排时间的计划。对打扮自己表现出兴趣（如穿衣服）。在成人建议下能够发起活动。在学习新技能、经验时享受其中的快乐。

36个月—60个月：邀请同伴加入游戏。在帮助下，能够加入已经开始的游戏活动。在游戏时间里能够选择新活动。在混乱时提供帮助（如扫走地上的沙，帮忙把溢出的牛奶擦掉等）。发现、使用材料来实现某一想法（如找积木来搭一座塔）。在帮助下，能够在做什么活动、用什么材料时做出自己的决定。

60个月—72个月：对自己感兴趣的活动，能够主动进行选择；基本不需要帮助，就能形成一个方案（计划），并按方案做事；在他人帮助下，能说出适宜的冒险和不适宜的冒险（或者危险）之间的区别。

(三) 坚持与专注

坚持是指个人在行动中坚定不移、坚持不懈地克服一切困难和障碍，完成既定目的的品质。坚持性包含精力和毅力两种品质。精力指的是一个人具有充沛饱满的精神去克服困难，达到行动的目的。毅力是人们长期不懈地保持充沛精力，坚韧顽强、不屈不挠地去克服困难，排除干扰，坚决完成任务。①

专注是指在一定的时间内，一个个体的心理充分指向并集中于当时应当指向和集中的对象上的注意状态。在专注状态下，一个人通常只关注自己的专注对象，而对其他的事物不怎么关注。当一个人具体专注某一事物时，通常会有明显的外部表现，

① 朱智贤主编：《心理学大辞典》，北京师范大学出版社，1989年版，第309页。

如凝视、倾听等。不过，长时间的专注会使人产生疲劳感。

学前儿童的坚持与专注品质尚在发展之中，坚持与专注的时间都不宜过长。但学前期也是培养坚持与专注的重要时期。学前儿童的坚持与专注具体包括在完成任务时，表现出坚持，能够集中注意，不容易被干扰或被弄得很沮丧。在这里，非常强调的是儿童的任务意识，在面对干扰、困难甚至失败时能够有调节的机制，能够完成具有一定持续性的任务（如持续 3—5 天的任务）等。

坚持与专注有较为外显的行为表现，其评价也可以采用量化的方法。比如，可以考查儿童坚持与专注的具体时间。更具体地说，可以测量儿童在不同情景中的坚持与专注的时间，如在一对一讲话情景下，儿童的坚持与专注的时间是多少，在集体活动情景下，儿童的坚持与专注的时间是多少；对比较熟悉的、感兴趣的活动（如玩喜欢的游戏），坚持与专注的时间是多少，对于不太感兴趣而又必须的活动（如收拾整理房间、穿珠子），坚持与专注的时间又是多少，等等。

就当前学前儿童的发展而言，专注与坚持的品质非常有待培养。小学生、中学生学习面临的一大困难就是坚持与专注不够的问题。相当多的小学老师也支持这样的观点。从这个意义上讲，进一步考查儿童的坚持与专注是非常有必要的。

关于学前儿童的坚持性，是在完成任务的过程中表现出来的。第一要考虑的是，儿童是否能够坚持完成任务，是否能够有头有尾地做好事情。第二要考虑的是，在完成任务的过程中，如果遇到不顺利，会有什么样的表现。比如，遇到一定的干扰，儿童是否会愿意继续尝试？遇到困难，是否愿意继续尝试？遇到失败，儿童是否愿意继续尝试？第三，对于持续一段时间的任务，儿童的行为表现更能表现其坚持性。比如，一些持续一周、一个月的活动，就能够非常明晰地看到儿童的坚持性。

关于学前童的专注性，除了可以考查专注的时间长短外，还可以考查专注的程度。比如，是否需要提醒、督促，活动过程中是否有不专心的行为表现，如东张西望、做小动作等。特别需要注意的是，一定要注意区分儿童当时的活动。因为对于儿童痴迷的活动（如看动画片、打电子游戏），儿童自然会相当专注。而评价儿童的专注，是要考查那些儿童需要付出努力、需要专注的活动。

案例 4

两个小朋友将剖开的竹子放在桌子上，桌下放置一个圆桶，将一个小球放在剖开的竹筒里，倾斜竹筒，使小球落入桌下的圆桶里。两个小朋友持续进行这项活动，对教室中同时进行的其他活动“视而不见”，其间还通过更换大一点的圆桶来减低小球落入的难度。

反思：这个活动中是否有专注和坚持？通过这个案例，我们可以一起体会一下学习品质的内容。好奇与兴趣、主动性、坚持专注，这几方面不是分割的，而是联系在一起的。案例 4 中的活动是有一定难度的，同时，也是有吸引力，能使孩子保持高度专注和浓厚兴趣的。因此，孩子在面对这样困难的、可能会失败、可能会有干扰的活动时，也许会暂时被别人影响一下，但还是会重新回到原先的活动中。这中间就有“专注”的成分。我们所说的专注，不是要求孩子的注意一刻都不离开，因为我们知道孩子的注意力是很容易被吸引的，有些具有专注坚持的孩子，可能在被其他事物吸引一会儿后，又会重新回到活动中，他是在想办法解决一些问题。所以，《指南》中学习品质的部分，也讲到要不怕困难，不仅是不怕困难，还包括想办法克服困难。

下面是学前儿童坚持与专注的具体表现。

18 个月—36 个月：想一遍又一遍地做自己喜欢的事情。能够完成一些简单的事情（如用积木拼一个简单的图形）。在一段时间里坚持用不同的方法做事情（如 3－5 分钟里一直用积木拼一个建筑物）。坚持于自己的选择（如穿什么衣服，做一件事情等）。当遭遇问题时，能够寻求帮助，接受帮助。讲故事时能认真听，并有一些参与（如帮着翻书）。

36 个月—60 个月：能够专注于自己感兴趣的任务，至少 5—10 分钟。能够完成自己喜欢的任务，失败以后，仍能坚持尝试，用至少两种以上的方法解决问题。进餐时心情愉快，而不总是分心的。

60 个月—72 个月：在完成以前，保持对方案或活动的兴趣。在帮助下，能够设立目标，形成计划，并根据计划行动。其他同伴和成人集中注意时，自己也能保持注意（如，在故事活动中集中注意）。能用较长时间完成某一任务，且在中断一段时间后还能重新回到原来的任务上（如玩积木）。受到干扰时也能集中注意；接受合理的挑战，能在沮丧中继续坚持。

（四）想象与创造

想象是在头脑中对已有表象进行加工、改造、重新组合形成新形象的心理过程，而创造则是产生新思想、发现和创造新事物的能力。学前儿童的想象非常丰富，创造则有着自己独特的表现形式。对学前儿童而言，“新”并不是对所有人的新，而是对自己来说是“新”。正是从这个意义上讲，皮亚杰曾有过“儿童发明算术”“儿童重新发明算术”“理解即发明”的论述。

需要特别强调的是，学习品质里的想象与创造，并不是完全指儿童的想象力与创造力，评价儿童的想象力与创造力也有专门的方法和工具。**作为一种学习品质，此处更强调的是，儿童能够利用想象等拓展知识，进行新的学习。**一名儿童也许拥有很高的想象力和创造力，但却并不一定善于利用自己的这种能力来进行新的学习。

学前儿童在学习中的想象与创造评价问题，容易产生很多误解。一是想象与创造的评价与其他领域的评价很不同。二是，这并不是在评价想象与创造本身，而是评价学习者是否在利用想象与创造进行新的学习。

比如，儿童虽然具有想象和创造的能力，但是否敢于想象和创造？据观察发现有不少的儿童是具有这样的能力的，但却不倾向于、不敢于运用这种能力。一旦突破"敢不敢"这一层窗户纸，这些孩子的想象力与创造的能力就可能非常充分地表现出来。再如，儿童遇到困难时，是否会做出用其他方法解决此问题的尝试，能在相当程度上看得出他们是否会运用想象与创造。有的儿童具有较强的想象与创造"力"，但就是不去想，不去尝试一个新方法。这就好比一个"听力"好的人却并不是一个好的倾听者一样。

下面是学前儿童想象与创造的一些具体表现：

出生—18个月：探索自己的手、脚。用嘴咬、拉、扔物体。模仿在别的场景里观察到的行为（看到别的儿童用积木堆东西后，自己也学着用积木堆东西）。用不同的方式或创造性地使用物体（如将玩具桶桶口朝下作为城堡的底部）。

18个月—36个月：在成人的帮助下，能够发明一些日常材料的新玩法。表现出对事物如何运作的理解（如别人扫地时，去把簸箕拿来）。喜欢玩装扮游戏。在游戏中大量使用假装、想象。

36个月—60个月：创造发明一些新的游戏、玩法。运用想象以产生一些新的想法。集体活动时想出一些大家都能接受的规则。编歌词，续编故事。通过艺术、建造、运动、音乐等表达自己的想法。大量参与"假装"游戏。

60个月—72个月：用戏剧游戏或象征游戏进行假装。用新的方式组合活动、材料与设备。用与其他儿童不同的方式（如在积木游戏或绘画活动中用了与众不同的方法）来完成活动。通过添加动作或角色等改编一个熟悉的故事。通过多种方式表征现实（如假装游戏，绘画等）。

（五）反思与解释

儿童的反思与解释，涉及儿童对已经发生的事情、言行、思想的认识，属于心理学里"元认知"的范畴。儿童的反思与解释，与儿童是否能够从经验中学习很有关系。具体地说，儿童的反思与解释涉及儿童是否能够吸收、思考、理解已有知识和信息，以便进行进一步的学习。善于学习的儿童，比较善于反思与解释。

反思什么？解释什么？反思与解释指向的是儿童曾经经历过的事件，能够记得起，能够清楚地描述，对儿童来说就是一种有效的反思与解释。在此基础上，才能讨论如何利用已有的信息来帮助自己学习，帮助自己解决问题。反思和解释既可能是指向自己的，也可能是指向他人的，比如，反思与解释别人为什么会这样做，他人当时在想什么等。

实际上，解释既可能是指向想法、观点的解释（我是怎么想的），也可能是指向证据、事实的解释（我是怎么做的，我看到了什么）。既可能有自我导向的解释（解释的目的是使自己更加清楚），也可能有他我导向的解释（解释的目的是使他人更加清楚）。既可能有涉及自我的解释（解释的是自己的言行），也可能有涉及他人的解释（解释的是他人的言行）。不同的解释对儿童来讲，其意义是不一样的。

显然，即使是动物，也能够从经验中进行学习。然而，不同的人从经验中学习的倾向是有所不同的。有的人善于从经验中学习，有的人则可能要多次经验才能学到相应的东西。而此处的经验，有的人更倾向于自己去亲身经历，才能从中学习；而有的人则能够从他人的经验中学习，通过仔细观察他人，猜测当时的情况，把自己想象成当事人，从中学习。综合地说，可以把从经验中学习理解为：从自己的经验中学习，从他人的经验中学习，从已有信息中学习。

下面是学前儿童反思与解释评价的具体表现：

18个月—36个月：用类似物体作为替代物。认识到行为可以产生或导致事件（如，“如果妈妈把锅放在炉子上，打开开关，她可能是要炒菜了”）。根据先前事件调整自己的行为（如，“我这样做不行，那样做看看会怎么样”）。把今天的经验与过去发生的某个经验联系起来（如，吃饭前洗手）。

36个月—60个月：告诉他人曾经发生过的事情。用可用、适宜的材料表征周围的事物，从简单地表征到比较复杂地表征（如，用积木来表征一间房间、一座桥、一条路等）。出声思考（一边做事一边把自己的思考讲出来）。在心理上把问题解决好，而不是仅仅通过试误解决问题。

60个月—72个月：用多种方式来表达自己的想法与意见（如，讨论，艺术活动）；对一些有趣的事或想法表现出较长时间的记忆。对记忆中的一个情景或动作能够描述或表演出来。寻求信息，以进一步理解。在帮助下，能用多方面（渠道）的信息来完成某一项目（活动），或获得新信息。基于过去的经验计划活动、设置目标。开始能够理解他人的想法，或者他人的意图、动机。

五、多彩光谱中的活动风格与学习品质

多彩光谱根据多元智能理论，对学前儿童多个领域的能力进行评价。这些领域包括了运动领域、语言领域、数学领域、科学领域、社会领域、视觉艺术领域和音乐领

域。在对这些领域进行评价的同时，进行活动风格的评价。这里的活动风格，非常接近于学习品质，因此，这里对多彩光谱里的活动风格进行简单的介绍，以帮助大家理解学习品质这一领域。

一般认为，在成人世界中，一个人的成功不仅仅与其专业能力有关，还受到一定的工作风格的影响，如专注、慎思、坚持力等。活动风格是从过程维度，而不是从结果上来反映儿童的学习或游戏。同时活动风格还反映出情感、动机与材料的互动，以及正式意义上所说的风格特征，如学习的速度、对信息线索的偏好（偏重于视觉、听觉还是美感方面）等。

多彩光谱中的活动风格评价是通过填写下表来收集资料的。

表 2 活动风格检表

请标注出你所观察到的儿童的特殊活动风格。注意，只标注出那些表现明显的。每一对中有一个不必勾出。必要时写下评注和轶事，并用概括性的、总体性的词描述儿童进行活动的方式。用“*”号表示其突出的活动风格。	
儿童是	评注
容易参与活动的________不愿参加活动的________ 自信的________试探的________ 嬉戏的________认真的________ 专注的________注意力易分散的________ 坚持的________容易受挫的________ 冲动的________反思的________ 倾向于慢性的________倾向于快速的________ 健谈的________安静的________ 对视觉________听觉________美感________线索做出反应 显示出计划性的方法________ 活动中带有个人的力量________ 发现内容的幽默________ 创新地使用材料________ 表现出实现的成就感________ 注意细节，敏于观察________ 对材料好奇________ 关心“正确”答案________ 重视与成人的互动________	

（资料来源：玛拉·克瑞克维斯基《多元智能理论与学前儿童能力评价》，北京师范大学出版社，2002 年版，第 240—241 页。引用时有调整。）

多彩光谱项目对上面所提的 18 种明显的活动风格特征进行了解释与说明，以帮助观察者、评价者进行观察，做出判断。

容易参加活动的。儿童迫切地、急于响应地参加活动，关心活动的具体内容和形式，以适应的、恰当的方式自然地加入，而不是采用破坏的、令人讨厌的方式。这类儿童是自己参加活动，而不是依赖于他人的推动。

不愿参加活动的。儿童可能表现出拒绝参加活动，或者需要成人的哄、劝，甚至给予一定的物质鼓励才能参加，或者需要改变以前的一些东西，如改变以前的座位形式才能参加。这类儿童在勉强参加了活动之后，不是按活动以前的目标开展活动，而是按自己的计划行事。

自信的。儿童在活动过程中充满自信，轻松自如地使用材料，能力得到充分的展示。儿童能够自信地表达自己的观点，陈述自己的答案。要注意区分盲目的自信和建立在能力基础之上的自信。

试探性的。儿童进入活动或在开展活动过程中显得有些犹豫、迟疑不决，即使在听了教师的解释后，也似乎对怎样使用材料没有把握。每做一点事情，都在寻求成人的赞同和确认，比如，做一下看一下大人，对“对”“错”比较敏感。

嬉戏的。儿童参加活动、与各种材料打交道像是在做游戏一样，很有乐趣。儿童在使用材料和参加活动过程中还经常发表议论，甚至与材料“说话”。

认真的。儿童在活动和使用材料过程中的快乐是完成任务、执行任务的快乐，他更像是在严肃地工作，而不是嬉戏。儿童进行活动的方式可能比较直截了当，效率比较高。

专注的。儿童很专注，专注于任务、活动，专注于材料，即使周围有分心的事情，也能较好地处理和控制。即使活动任务和材料不是儿童非常感兴趣的，也能做到专注。儿童在参加活动的这一段时间里，目标较为单一（即完成任务），能将注意集中于活动与材料本身。

注意力易分散的。儿童容易受周围活动的影响，做事情时经常东张西望，对待任务似乎抱着无所谓的态度，可做可不做。

坚持的。儿童顽强地坚持活动，镇定地迎接挑战，不怕困难继续进行活动，即使有困难也不轻易放弃。

容易受挫的。面对挑战或挫折时，难以战胜，容易放弃。比如，动不动就向成人寻求解决问题的方法。

冲动的。儿童做事情很快但却比较粗心，突然想干什么就干什么，很冲动。

反思的。儿童能够反思自己所做的事情或自己的想法，比如说“这里做得好”“那里没有想到会这样”之类。能够从实际工作或游戏过程中退回一步，评价自己的实际表现在多大程度上与其预测或期望相符合。如说“哦，我先前不该这样的，让我再试一次”等。

倾向于慢性的。儿童做事的速度不快，但却比较有条理，可能需要很多的时间准备才能进入工作状态。

倾向于快速的。儿童做事速度快，给人风风火火的感觉，不需要太多的准备时间，甚至立即就进入活动，并且很快完成任务。

健谈的。儿童喜欢谈话，问这问那，经常主动发起谈话，这些话题可能与活动有关，也可能无关，但不是逃避活动的话题。

安静的。活动时很安静，不说话，需要时会说话，问话的质量并不一定差，任务也可能完成得很棒。总之不能将“安静的”理解为缺乏能力。

对视觉、听觉或运动线索的偏好。这是儿童获得信息的不同偏好。视觉是指看、观察，如从不同的角度看材料、工具，听觉是指儿童通过听方向、音乐、别人的讲解来获得信息，运动是指通过触摸、动作比划等来获得和理解信息。

显示出计划性的方法。做事有计划性，先做什么，后做什么，顺序清楚，根据自己的计划做事情，而不是看到什么就用什么。比如，看图书讲故事时先大致翻一翻、看一看画面，计划好怎么讲之后再讲，而不是看到什么就讲什么。

活动中带有个人的力量，用自己的强项攻克任务。儿童能充分利用自己的强项来解决、完成任务。

发现内容的幽默。儿童能够发现、体会其中幽默、好玩的一面，比如故事中的幽默。

创新地使用材料。儿童用新奇的、富有想象力的方式处理材料和活动。

表现出实现的成就感。成功地解决任务或难题后，非常高兴、快乐、激动，忍不住要跟别人分享，报告自己的成功，很享受这样快乐，而不是做出来就做出来了，不感到兴奋。

注意细节，敏于观察。儿童能够注意到材料或活动的细微之处，比如在阅读图书时能够看到一些细微之处。

对材料好奇。儿童对操作材料感到好奇，问很多问题，如“这是什么”“用来干什么”“是如何形成的”等这样那样的问题，尤其是当面对新材料时。

关心“正确”答案。儿童常常关心自己完成得怎么样，比如问成人自己做对没有，问其他儿童做的情况、是否做对，并进行比较。“正确”时儿童露出高兴的样子，“不正确”时感到有些不高兴。

重视与成人的互动。儿童更喜欢与成人互动，而不是操作材料。儿童不断地与成人谈话，看着成人，一边做一边看成人等。这种“看成人”不是为了寻求答案的线索，而是想和成人谈话、交流。

多彩光谱项目中对儿童工作风格的评价是开创性的。这一工作为评价者观察、记录儿童的风格倾向提供了一个可行的、直接的工具。工作风格评价的内容，具体的评价标准，对于开展学前儿童学习品质的评价，具有借鉴意义。

《指南》中的学习品质，让我们能“看到”儿童未来的方面。有的老师和家长阅读《指南》后说《指南》太简单了，而有的老师和家长却说太难了。前者“指责”的是《指南》里对“读写算”的要求太低，而后者更多地看到了当前早期儿童发展与教育中的诸多问题，比如，学习品质重要而又被忽视，存在严重问题的现实。如何让全体儿童工作者以及在儿童成长中的具有重要影响力的人认识到“忽视幼儿学习品质培养，单纯追求知识技能学习的做法是短视而有害的”，并不容易，但这确实是我们需要努力的方向。

第三讲

《指南》健康领域解读

顾荣芳

这一讲重点学习的是《指南》中的健康领域。我们的解读原则是：实用、实在、落实。解读路径是首先整体把握《指南》，然后对《指南》当中有关健康领域的重要条目和语句逐一进行分析，最后结合分析幼儿园健康教育实施的现象和生活中幼儿教育的注意点。

一、学习和分析《指南》的实施要点

《指南》："通过提出 3—6 岁各年龄段儿童学习与发展目标和相应的教育建议，帮助幼儿园教师和家长了解 3—6 岁幼儿学习与发展的基本规律和特点，建立对幼儿发展的合理期望，实施科学的保育和教育，让幼儿度过快乐而有意义的童年。"

分析：对于健康领域而言，有哪些相关的儿童学习与发展的基本规律和特点呢？

幼儿健康教育的内容有几大块面：日常健康行为教育、饮食营养教育、身体生长教育、安全生活教育、心理健康教育。另外体育也是非常重要的一块。每一个块面的内容都有其特点和规律。我们应当对它们的特点和规律进行全面的把握。下面举例说明。

比如，在日常健康行为教育的过程当中，我们就要把握这样一些规律：**尽早开始，适时要求，家园配合。**

对于儿童的健康行为的养成，我们认为越早、越小养成的习惯越为牢固。对于什么时候对孩子进行某些方面的教育，这个时间是需要考虑的。比方说关于孩子洗手的问题。在孩子刚刚入园的时候，我们就会教孩子怎样把小手洗干净。到了下一个学期，也就是春季学期的时候，在春暖花开的季节，对孩子洗手这个问题我们还是需要适时地提出要求。因为这个季节，孩子把厚重的棉衣脱掉了，小手开始伸出来东摸摸西摸摸，他探究周边事物的兴趣越来越浓了，所以他的小手更容易不干净，我们不要以为刚刚入园的时候已经教过洗手，这个时候就不需要重复进行了。其实生活中的许多教育尤其是健康方面的教育，比如生活卫生习惯的教育是需要反反复复地进行的。对于健康教育而言，家园配合非常重要，这点可能和其他领域的教育都不一样。孩子吃喝拉撒，在幼儿园有，在家里也有，大多数情况下是在幼儿园会做得更好一些。孩子的吃喝拉撒的一些习惯如果在幼儿园能够做到，在家里却做不到，那么幼儿园对孩子健康教育的实质性意义其实等于零。所以我们要特别关注健康教育当中家长的工作，要及时与家长沟通。老师在幼儿园对孩子进行的每一个方面的教育都要尽可能详细地告诉家长，比如你对洗手的要求是什么，吃饭的要求是什么，以此得到家长的支持和配合。

又如，在饮食营养教育的过程当中，我们应当引导孩子认识各种各样的事物和现象，应该发挥儿童的自主性和积极性。

我们不要一味地追着孩子吃，追着孩子喂。我们要掌握好分寸。面对已经做好的食物，如果孩子不想吃或是想去外面吃其他的东西，比如一些西式快餐，你可以告诉他今天不行，但是下次可以争取。这就是坚持和妥协的具体做法。再比如面对一个进餐的时候总是想离开餐桌或者心思都在玩耍上的孩子，我们可以明确地告诉他：你要么吃，要么玩，但是玩过以后就错过了这次正餐，就必须等到下一餐才能够给你提供食物。特别要指出的是，在实际当中你要坚持这一说法。你不能和孩子说现在不吃过会儿就没有的吃，但是过会儿又给他提供大量的零食，这样孩子久而久之就不相信你了，跟他说什么就都没有意义了。对于一个挑食或者偏食的孩子，你不要强迫他吃他实在不喜欢吃的东西，这是徒劳的。但是你可以帮助他了解，如果这样一味地挑食或者偏食，会对他的健康带来什么样的影响。有时在迫不得已的情况下，家长也可以让孩子吃腻他一直喜欢的食物。

在饮食营养教育的过程当中，还有一点非常重要，这是一个原则，即我们在任何时候都不要把食物作为对孩子的奖励品，尤其不能把垃圾食品作为对孩子的奖励。生活当中这样的做法比比皆是。我们有的时候希望孩子不要吃巧克力，可是我们又在孩子不高兴的时候、生病的时候或者其他一些特殊的场合用巧克力去奖励孩子。这样的做法其实与自己平时的教育是相违背的。

再如，在身体生长教育的过程当中，诚实相告和艺术解释是非常重要的特点。

比如说生与死的问题，我们不可以和孩子撒谎，但是我们可以艺术地告诉孩子。因为如果孩子问“我会不会死”，或说“我不要死”的时候，当孩子对死的问题非常焦虑的时候，我们应该怎样去看待和回答？要是回答说“不会死”，那是假话；回答说“会死”，那孩子肯定会非常伤心。在这种时候，诚实相告和艺术解释就变得非常重要。我们可以把孩子的生长和树木花草的生长相类比，可以让他去观察家门口的小草、小树、参天大树或者家里买的鲜花。为什么美丽的鲜花凋谢得最快，为什么一株小小的幼苗却可以不断地长大？这是因为一个有根基，一个没有了根基，养在家中的花瓶里的花吸收不到更多的太阳、空气和养分，所以容易凋谢。我们再来让孩子比较幼儿和老年人，这犹如小树苗与参天大树。我们有一天会长成参天大树，这棵参天大树有一天也会死亡，但是我们现在没有必要焦虑，因为我们现在还只是地上的一株很小的幼苗，还有很长很长的时间去过更好的生活。为了让小树长得高、长得大、长得久，空气、阳光、水分非常重要。类比到孩子的身上那就是要多运动，好好吃饭，好好休息，按时睡觉。我们用这些例子来让孩子知道死亡是每个人都要面对的，但是我们犯不着去焦虑，这就是如何**诚实相告**和**艺术地解释。**

最后，在安全生活教育的过程当中，我们应当关注到，其实许许多多的“意外事故”并不意外，都有内在的必然性。只有极少的意外事故才是真正的意外。许许多多的意外事故都是因为场地环境条件或者成人的疏乎造成的。在安全生活教育的过程中，老师们首先应当更新自己的观念，许多的意外事故都是有先兆的。所以我们首先要为儿童创设安全的环境，同时也应当注意提高儿童对危险情境的应急反应能力。因为身边的生活环境是非常复杂的，我们没有办法把身边的环境创设得一点危险都没有。所以我们要通过各种各样的活动尤其是体育锻炼，来增强儿童的应急反应能力。

以上我们就健康教育的几个块面来把握儿童学习与发展的特点和规律。《指南》当中还提出了实施教育应把握的几个方面，这几个方面提得都非常好，值得深思并且付诸实施。下面对此逐一加以分析。

《指南》：“关注幼儿学习与发展的整体性。儿童的发展是一个整体，要注重领域之间、目标之间的相互渗透和整合，促进幼儿身心全面协调发展，而不应片面追求某一方面或几方面的发展。”

分析：如何在健康领域关注幼儿学习与发展的整体性，如何整合各领域的教育内容呢？

说到“整合”，其实离不开对“分科”的关注。如果进行分领域的教育，我们应当注意两个要点：第一，需要明确包含健康在内的各领域教育自身所固有的特点、规律和实施的方法、途径及其教育意义；第二，应当关注到各领域之间的必然联系，尽可能挖掘每一教学活动对学前儿童的发展价值，不要人为割裂。如果进行综合教育，我们也应当注意两个要点：第一，需要对各领域熟练把握，在此基础上进一步明确相互之间的关系；第二，需要寻找符合本园实际的整合突破口和将各领域教育加以整合的方法、手段，确保儿童发展的全面性。

其实分领域教育和综合教育都不是绝对的，没有绝对的分科教育，也没有绝对的综合教育，我们应当辩证地去认识。

《指南》：“尊重幼儿发展的个体差异。幼儿的发展是一个持续、渐进的过程，同时也表现出一定的阶段性特征。每个幼儿在沿着相似进程发展的过程中，各自的发展速度和到达某一水平的时间不完全相同。要充分理解和尊重幼儿发展进程中的个别差异，**支持和引导他们从原有水平向更高水平发展，**按照各自的速度和方式到达《指南》所呈现的发展‘阶梯’，**切忌用一把‘尺子’衡量所有幼儿。”**

分析:这句话提得也非常好。“切忌”这个词用得还是非常绝对的,在语气上非常肯定,没有什么商量的余地。“尊重幼儿发展的个体差异”耳熟能详,但真正落实则任重道远。在现实的教育过程当中,老师更容易关注到“一群”的孩子而不容易关注到某个孩子。

《指南》:“**理解幼儿的学习方式和特点。幼儿的学习是以直接经验为基础**,在**游戏和日常生活中**进行的。要珍视游戏和生活的独特价值,创设丰富的教育环境,合理安排一日生活,最大限度地支持和满足幼儿通过直接感知、实际操作和亲身体验获取经验的需要,严禁‘拔苗助长’式的超前教育和强化训练。”

分析:健康教育即是生活教育,无须刻意地与生活关联,也无须“回归生活”。这句话可能会让大家觉得诧异。这样说是因为健康教育本身就是生活教育,而不是与生活教育相关联的问题,也不是回归生活的问题。健康领域中的问题,很多是孩子吃喝拉撒的问题,而孩子的吃喝拉撒无一不是生活,如果说要挖空心思去与生活关联和回归生活,那本身就已经脱离了生活。应当培养孩子从小就具有健康生活的习惯。

再来看一下幼儿具有何种独特的心理特点。下面的内容来自于我们健康教育研究小组对幼儿健康认知的研究,是孩子们面对研究者关于“什么是‘生命’”这个问题的时候作出的回答。大家可以看一看从这些不同的回答当中反映了儿童什么样的思维特点和其他心理特点。

幼儿对“什么是‘生命’”的回答:

- 有个小虫子,你把它踩死了,小生命就没有了。
- 如果没有活的话就没有生命,如果你活的话就有生命。
- 人如果没有生命会死掉的,就会拜拜的,生命就是很重要的东西。
- 要是人快死了,一定要好好去抢救。
- 人只有一条生命,两条生命是妖怪,生命就是身体里面的生命。
- 就是你活下去的意思,就是让你活的时间长一点,不能老是干一些让自己死得更快的事情。

以上是孩子对“什么是‘生命’”的回答。孩子虽然不能像成人那样高度地抽象,高度地概括,高度地提炼,但是3—6岁的孩子对抽象的概念也已经有了相当不错的认识,他们能够说出“生命”很重要的内涵,比如,生命是一次性的,是重要的,生命需要保护。当然儿童的思维也体现出阶段发展性,比如以“需要珍惜生命”或“生命需要保护”来说明“什么是生命”。在其他健康概念认知的研究中,我们还发现幼儿常常因果颠倒或以“这个很重要”替代“这个是什么”。这恰恰说明了我们开展健康教育的价值所在。

《指南》:“重视幼儿的学习品质。幼儿在活动过程中表现出的积极态度和良好行为倾向是终身学习和发展所必需的宝贵品质。要充分尊重和保护幼儿的**好奇心和学**

习兴趣,帮助幼儿逐步养成**积极主动、认真专注、不怕困难、敢于探究和尝试、乐于想象和创造**等良好学习品质。忽视幼儿学习品质的培养,单纯追求知识技能学习的做法是短视而有害的。”

分析:《指南》特别提出了要重视幼儿的学习品质。品质是指人们行为和作风上所表现出来的思想品性认识等的本质。对于孩子来说,他的学习品质可能与好奇心、学习兴趣、积极主动性、专注性和不怕困难、敢于探究、乐于尝试、乐于想象和创造等相关。在这里要注意的就是,我们不要单纯地追求教育的结果。如果我们单纯追求教育的结果,我们就只关注孩子今天是唱了一首歌还是跳了一个舞,是做了一篇作业还是画了一幅画,就会忽视儿童的学习品质的培养。

那么,良好的学习品质如何落实到健康教育当中来呢?我们来看一看一些幼儿园进行的非常好的活动。

这些孩子在游戏场景当中来亲手操作,亲身体验,老师们可以看到孩子在这个过程中无一例外地非常地专注:专注地擀面皮,专注地煎荷包蛋,专注地倒豆浆,专注地看量杯多与少的关系。孩子在这种亲手操作、亲身体验的过程当中体验学习,十分投入,不需要老师去催或者想方设法去吸引注意力。在这些教育场景当中,教师起到的是一个引导性的作用,教师为孩子提供足够的材料,而学习过程中的探究都是由儿童发挥主动性和积极性的。

我们再来看另外一些儿童在亲手操作、亲身体验过程当中进行探究学习、快乐学习的场景。

左上图片中，其他的孩子似乎在忙于更“有意义”的事情，画面中间的这个孩子一直都在扫地。或许有的家长看到这一幕心里会想：别的孩子都在做一些正经的事，你怎么只是在打扫卫生呢？其实我们不要忘了，扫地同样能锻炼孩子大小肌肉的协调性。我们可以看到孩子扫地非常的不容易：他先是把垃圾扫进簸箕，但是由于动作不协调，不小心又把簸箕里的垃圾弄到地上，只好再去扫，反复了好几次。但是这个孩子非常明确他要把地扫干净，在这个过程当中手眼如何协调，如何把地扫干净，他都要自己去思考，扫不干净就一直努力去完成，这就体现出很好的坚持性。无论是开动脑筋、积极思考，还是克服困难、坚持不懈，都是将来的学习生活不可或缺的品质。所以在这样一个活动当中，扫地的价值和意义丝毫不逊于包饺子、擀面皮或是煎荷包蛋等活动。

我们再看一看右上角的孩子在粘贴蛋壳。在这个过程当中他们发现原来这个破碎的蛋壳是不平整的。老师已经画好了花瓶或者美丽的蝴蝶的图形，让孩子在这个图形里粘贴上破碎的蛋壳，孩子在没粘之前没有想过这一小块一小块的蛋壳其实是弧形的，并不平整。为了让这个弧形的蛋壳能够牢牢地粘在图形之中，孩子就要思考怎么才能把它们粘上去。在这个过程当中孩子充分地进行了探究性学习，在亲手操作、亲身体验的过程中，他们得到的才是真正的快乐，而不是教师在一味地填鸭式的教育当中灌输给他们的知识和技能。

二、学习和分析《指南》健康领域的具体条文

《指南》:“幼儿身心发育尚未成熟,需要成人的精心呵护和照顾,但不宜过度保护和包办代替,以免剥夺幼儿自主学习的机会,养成过于依赖的不良习惯,影响其主动性、独立性的发展。”

分析:不仅家长容易过度地保护自己的孩子,其实在教育过程当中我们的老师也常常包办代替。家长的包办代替更是比比皆是,即使是小学高年级的孩子,家长替孩子背书包这样的现象也司空见惯。在幼儿园里经常看到,孩子好大的个子,家长却抱着他进教室。老师有时也是这样,比如幼儿一时不知如何削山芋皮,老师开始告诉他怎么削,一开始示范了一次,孩子还是不知道怎么削,那么老师就三下两下把山芋皮全削好了。这种情况就是典型的包办代替,不把学习的机会留给孩子。这样的老师虽是勤劳的老师,但在教育观念方面还是有待改进的。包办代替可能有多种多样的原因,一个非常重要的原因是成人不够耐心,怕麻烦。有的时候成人图省事,你做得还不如我自己做得快,所以就干脆把这样一些事情包办了,这样孩子就一直得不到很好的学习和锻炼。

《指南》:身心状况目标 1 具有健康的体态

分析:这个目标里面提了很多具体的数字,如身高、体重等一些详细的要求。身高、体重的数字来自 WHO(世界卫生组织)。需要注意的是,这些数字并不是一些刻板的数据,并不是要我们去刻板地遵守。抚养过孩子的成年人都知道,不同的孩子在这方面的个体差异非常大,所以不是让一个孩子和另一个孩子比,而是让一个孩子和自己发展的前后作对比,和自己发展的速度作对比。我们要有这样一个观念,幼儿发育的态势是一个永恒上升的趋势,《指南》中提到的《中国孕期、哺乳期妇女和 0—6 岁儿童膳食指南》(下简称《膳食指南》)可以作为教师和家长学习的内容。在这个《膳食指南》中对应该给孩子提供哪些食物,应该怎样均衡地搭配,有一个比较完整的介绍。不过,教师们和家长们不能刻板地去认识里面的内容。吃什么,吃多少,这些都与孩子的饮食习惯有关系,不要刻板地认识,纠结于 1 两还是 2 两,50 克还是 100 克。

《膳食指南》的主要内容有名词解释、膳食指南、平衡膳食宝塔以及非常好的一些附录。它面向孕期的妇女、哺乳期的妇女和 0—6 岁的儿童这样三种人群。阅读这本《膳食指南》之后,老师们和家长们要注意其中对 0—6 岁儿童的界定与幼教界不同。其实儿科医学界对婴儿、幼儿、学龄前儿童的界定和幼教界是不完全一致的。《膳食指南》中说的“学龄前儿童”是指 3—6 岁的儿童,“幼儿”则是指 1—3 周岁的儿童;幼教界说的“学龄前儿童”是 0—6 岁的儿童,而“幼儿”往往指的是 3—6 岁的儿童。

《**指南**》:“提醒幼儿要保持正确的站、坐、走姿势;发现有八字脚、罗圈腿、驼背等骨骼发育异常情况,应及时就医矫治。桌、椅和床要合适。椅子的高度以幼儿写画时双脚能自然着地,大腿基本保持水平状为宜;桌子的高度以写画时身体能坐直,不驼背、不耸肩为宜;床不宜过软。”

分析:这是讲儿童的姿势体态。我们一条一条来看。幼儿正确的站、坐、走的姿势是非常重要的,我们不要小视它。因为如果有了上面说的这样一些异常情况,尤其是能被肉眼看见以后,我们再去想办法就已经迟了。如果骨骼发育异常的情况比较严重的话,那基本上不可挽回。所以我们要特别注意,对于一些不可逆转、不可挽回的身体发育的问题要特别留意,要早期发现,早期干预。我们要注意孩子平时站、坐、走的姿势。我们一直强调不要让孩子以各种各样不正确的姿势做作业。开放的教育、开放的理念绝对不等于让孩子随便趴在地上、趴在桌上写字、绘画。这完全是两码事。观念的开放不等于你没有一个规范的正确的姿势。在实际的教育过程当中,我们有些老师,或者一些家长常常会在这一方面陷入误区。同时,儿童的家具设施也要合适。其实我们现在也注意到一些幼儿园能关注到不同的班级、不同身高的孩子对桌椅的要求,但是我们也看到不少幼儿园的班级里,无论孩子多高,都用一个尺寸的桌椅。有的孩子坐着可能双脚不能落到地面,因为不够高;有的孩子双脚还必须伸出去,因为腿太长。对于这样一些情况,老师们平时要注意。其实解决的办法不是没有,在配备的时候可以注意不同的尺寸,对各班做一些调剂。这些问题只要你关注到了,办法都还是有的,也不会增加太多的费用。问题是我们往往熟视无睹。再有,孩子在家里睡的床也要特别注意。因为孩子睡在家里的时间特别长,在幼儿园里睡的时间相对短一些。现在很多幼儿园的条件非常好,这个功能室那个功能室,配备得都非常好,唯独挤压的是孩子的卧室。有许多幼儿园有非常好的条件,却不能保证孩子有独立的卧室,相反,认为独立的卧室是一种浪费。其实从幼儿的生长发育来说,这样的观念是落后的。给孩子提供一张很好的小床,让孩子在午睡时间能够保证姿势的正确,这个意义其实一点儿不亚于功能室的配备。所以有条件的幼儿园应当重视儿童卧室的配备、床的选择。同时,家庭当中也应该注意到这些问题。另外,在学习过程中也要注意孩子姿势的正确。比如我们一直强调的写字绘画时的一个经典的做法——“一拳一尺一寸”。但是我们有多少幼儿园、多少班级在开展活动的时候能够注意到这个问题呢?我们又怎样才能让儿童知道自己是否符合“一拳一尺一寸”的要求呢?“一拳”很好把握,胸部离桌面一拳的距离;“一寸”也很好把握,在孩子使用的铅笔或者画笔离纸一寸的地方用纸圈套在上面做一个记号,孩子握笔在纸圈之上,就知道纸圈下面的距离就是一寸。关键是“一尺“怎么去把握。其实也好把握。我们有的幼儿园就让孩子剪一尺长的泡沫板,倾斜用一个大铁夹子夹住,夹子夹好之后正好和泡沫尺形成了三角形支撑，孩子对一尺的距离就大致知道了。当写字的时候看到泡沫尺超过耳朵，就知道眼睛离桌面的距离就没有一尺了。孩子可以随时地调整，相互之间提醒。有的幼儿园做得非常好，在孩子做作业的时候摄像，然后回放给孩子看，让孩子看自己在做作业的过程当中姿势有没有发生变化，姿势是否正确。所以说我们如果关注到这些，总是会有办法的。只是很多问题我们平时没有足够的重视，但正是这些细小的问题对儿童身体的发育具有重要的意义。

如下图：

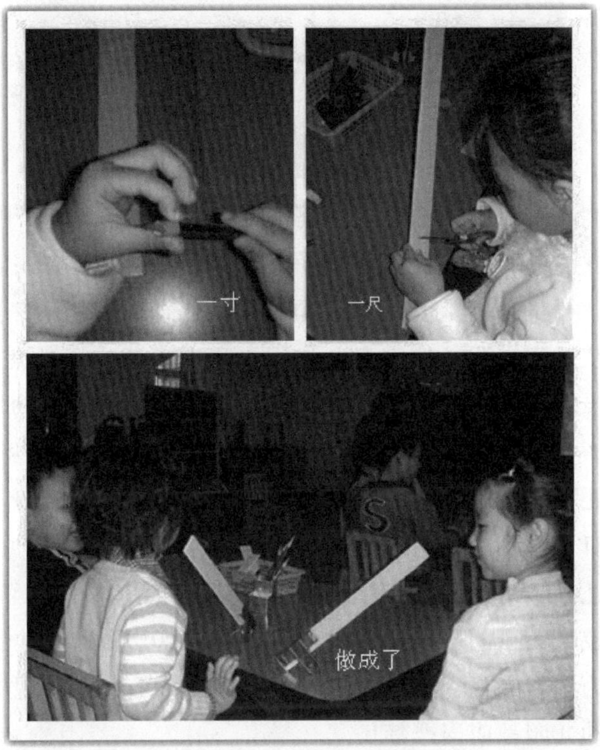

《指南》：“营造温暖、轻松的心理环境，让幼儿形成安全感和信赖感。如：保持良好的情绪状态，以积极、愉快的情绪影响幼儿。以欣赏的态度对待幼儿。注意发现幼儿的优点，接纳他们的个体差异，不简单与同伴做横向比较。幼儿做错事时要冷静处理，不厉声斥责，更不能打骂。”

分析：这是《指南》对成人的要求。要做到这些不容易。因为老师和家长们都是处在复杂的社会关系当中的个体，身受多种压力，要一直保持愉快的情绪是非常不容易的，但底线是我们不能在孩子身上发泄自己的不满。生活中有意无意伤害幼儿的现象时有发生。我们在这里要正确地理解“做错事”。孩子有各种各样的表现，如果你一直是用欣赏的眼光去看孩子的话，你不会觉得孩子在做错事；当我们有科学的儿童观、教育观的时候，即使儿童犯错也是美丽的。我们来看看这张来自互联网的图片。

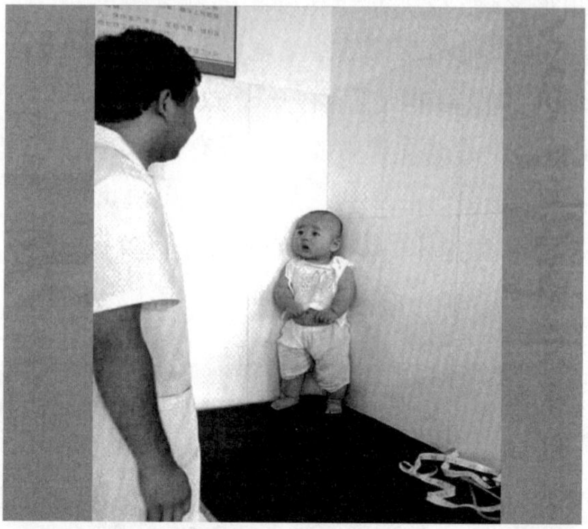

图中这个医生其实对孩子的态度还是非常好的，笑容可掬。因为这个孩子暂时还不能很好地站立，所以就让孩子站在墙角，这样墙壁对孩子有一定的支撑。医生用这样的方法来为孩子量身高。但就是这样一个动作，却引发了孩子内心的焦虑。看孩子的眼神，已经“八字眉”了，他没有办法用语言来表述内心的焦虑，但他的神态已经说明了一切。虽然医生在对孩子微笑，可孩子还是那么害怕。那么，怎样做孩子会轻松愉快一些呢？可以先跟孩子打个招呼，你对他说：“要帮你量身高了，不要害怕。”或许你说什么他还不能理解，但因为有这样一个时间差，他内心有了一点点的准备，知道后面可能会有一些不一样。语言不能理解，肢体动作可以帮忙，可以拍拍他的小身体，“你站在这儿，妈妈也在旁边呢”，或许孩子就不会这样焦虑了。

如果上面是成人无意间对孩子造成的伤害，那么互联网上时常报道的一些老师有意伤害孩子行为的新闻，我们就无须多做任何评论了，这样的现象应当禁止！无论是在家庭还是在幼儿园都应当严禁！

《指南》：“幼儿每天的户外活动时间一般不少于两小时，其中体育活动时间不少于1小时，季节交替时要坚持。”

分析：这一条沿袭了《幼儿园教育指导纲要》（下简称《纲要》），《纲要》沿袭的是《幼儿园工作规程》（下简称《规程》）。《规程》和《纲要》主要是指向幼儿园的教育，而《指南》既指向幼儿园，也指向家庭。《规程》当中有更详细的规定：幼儿户外活动时间在正常情况下，每天不得少于2小时，寄宿制幼儿园不得少于3小时，高寒地区在冬季可酌情减少。《指南》同时面对家长，所以口气上相对缓和一些，没有用“必须“这样的语气。

《指南》：动作发展目标1　具有一定的平衡能力，动作协调、灵敏

分析：这一部分的教育建议中列出了很多非常好的锻炼内容，老师们非常有必要看一看，家长更加需要看一看。这里我们具体分析其中的两条。

"不能机械训练"——这主要是从防止扼杀孩子的学习兴趣和锻炼兴趣这个角度说的，与《纲要》的精神保持一致。《纲要》中非常明确地指出，不要强迫孩子一味地训练，也禁止幼儿园搞集体操、集体舞比赛。因为在这样的为比赛而练习的过程中，老师常常会很不耐烦地训斥孩子，这些活动追求的只是一种结果。

"结合活动内容对幼儿进行安全教育，注重在活动中培养幼儿的自我保护能力。"——运动中的保护是健康教育中需要专门研究的内容，这个内容非常重要。我们要运动，又要在运动过程中很好地保护自己。比如说别人冲撞过来了怎么办，处在拥挤的地方怎么办，等等，我们都要教给孩子一些策略。如下图：

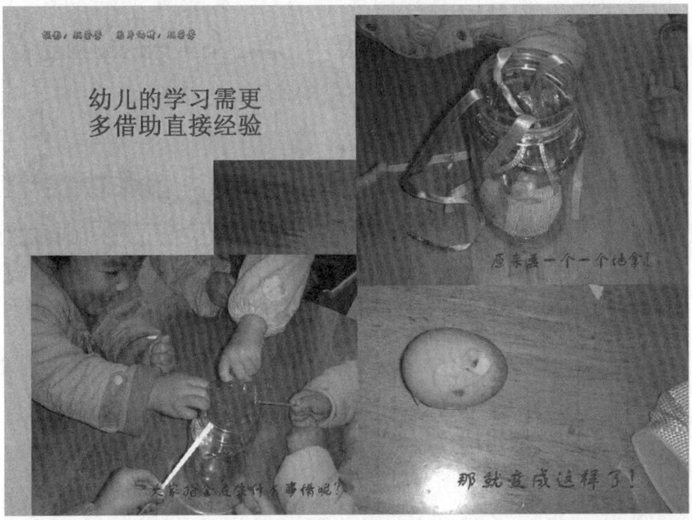

图片中反映的是幼儿园的 个健康教育活动，活动主题是避免拥挤，一个接着一个走。在这个过程当中幼儿的学习借助的是直接经验，因为老师创设了一个非常好的情境：老师将鸡蛋放在小小的网兜里，全部的鸡蛋都放在一个大的瓶子里，然后对孩子说一人拿一个鸡蛋。孩子都希望自己能够在第一时间把鸡蛋取出来，可是因为每个人都抢先取出自己的那个鸡蛋，必然会引发鸡蛋与鸡蛋之间的拥挤，而这个瓶口又无法让四五个鸡蛋同时被取出来，结果不少鸡蛋在这个过程中被挤破了。老师就是通过让孩子拿鸡蛋这么一个过程让孩子知道：要一个一个有秩序地拿，那才能又快又好，鸡蛋也不会破。以后孩子就会把经验迁移到上下楼梯的时候、进出门口的时候，孩子就知道了在拥挤的环境当中怎么样避免拥挤，安全离开。这个例子告诉我们：幼儿的学习需要更多地借助直接经验。如果你只是告诉他拥挤了会摔倒，那么孩子可能听不进去，活动的教育意义可能要比这样一个场景设计要弱一些。

《指南》："开展丰富多样、适合幼儿年龄特点的各种身体活动，如走、跑、跳、攀、爬等，鼓励幼儿坚持下来，不怕累。日常生活中鼓励幼儿多走路，少坐车；自己上下楼梯，自己背包。”

分析：孩子能做的事情让孩子自己做，有助于孩子生理和心理的发育。包办代替往往是剥夺孩子学习与锻炼的机会，这在家庭里会比在幼儿园更严重一些，因此在生活中特别要注意落实《指南》的这些精神。同时，我们还要注意，运动中的幼儿在高度兴奋时会不知疲倦，这时运动的适宜性就特别重要。所以我们要动静结合，孩子在整个活动中情绪特别高涨的时候，老师就应当注意，这个时候应该让孩子休息了，不要让孩子过于兴奋。过于兴奋孩子其实很疲劳，但他却不觉得，而在一些无趣的活动中，他不疲劳却觉得很疲倦，这是辩证的关系。

《指南》：“引导幼儿生活自理或参与家务劳动，发展其手的动作。如练习自己用筷子吃饭、扣扣子，帮助家人择菜叶、做面食等。幼儿园在布置娃娃家、商店等活动区时，多提供原材料和半成品，让幼儿有更多机会参与制作活动。”

分析：针对前半句，教师要给幼儿准备丰富的材料，而且主要是半成品，能让孩子有动手的机会。现在许多幼儿园的健康区域活动很好地体现了这一点。建议各个幼儿园花点力气好好研究研究健康区域活动的开展，如果健康区域活动能够很好地开展的话，做到《指南》上面这两句话，就会比较容易了。

三、关于《指南》中一些值得商榷的地方

这些值得商榷的地方，是我个人的一些想法，下面举例说明。

《指南》：“健康是指人在身体、**心理和社会适应**方面的良好状态。”

分析：我觉得这个可以改成“健康是指身体和心理方面的良好状态”。“社会适应方面的良好状态”实际上就是心理方面的，已经包含在心理层面，所以“心理”和“社会适应”是重复的表述。这个表述源于世界卫生组织（WHO），而这样的表述实际上已经受到了多方面的质疑，那么新出台的《指南》就不宜继续用这样的表述。

《指南》：“帮助幼儿学会恰当表达和调控情绪。”

分析：我个人觉得这个提法要求过高，而且基本上做不到，连绝大多数成年人都做不到。这个地方提“学习”更好一些。

《指南》：“每年为幼儿进行健康检查。”

分析：这个说法过于笼统了一些，应该与《规程》保持一致。《规程》中要求每半年测身高视力一次，每季度测体重一次。这是完全符合0—6岁儿童的生长发育规律的，因为年龄越小的孩子生长发育的变化越大，如果一年才体检一次，很多问题就不能早发现，早治疗，也就不能够早干预了。《指南》面向家长和教师，我想遵循《规程》的要求，会更有利于幼儿的生长发育。

第四讲

《指南》语言领域解读

张金梅

一、正确理解“幼儿语言的学习与发展”

首先我们来看《指南》在语言领域的一些表述：

1. 语言是交流和思维的工具。

2. 幼儿期是语言发展，特别是口语发展的重要时期。

3. 幼儿语言的发展贯穿于各个领域，也对其他领域的学习与发展有着重要的影响。

4. 幼儿的语言能力是在交流和运用的过程中发展起来的。

5. 幼儿的语言学习需要相应的社会经验支持。

上述关于语言领域的表述，可以总结为三点：

（一）语言是交流和思维的工具

语言有什么功能呢？幼儿在获得语言的过程中，将语言作何用？

1. 语言是交流的工具

一个孩子出生时只知啼哭，到1岁左右学话，再到1.5岁左右，开始形成第一批可以被人理解的词语。在这样的过程中，正是出于交流的需要——表达自己的需要（饥饿、冷暖、是否舒服）、情绪（高兴、生气、紧张等），而主动地模仿，尽力地接近成人的语言，即目标语言。或者说幼儿在母语环境中自然而然地学习着、发展着语言。幼儿极力使自己说的话让周围人明白，从成人的反应中他会明白自己的发音是否正确，用的词是否恰当，如果不正确，比如将“哥哥”说成“的的”，将“不香”说成了“不要香”，将“各种各样”说成“各种一样”，他会通过多次尝试或者说“尝试错误”来逐步达到正确表达。

2. 语言是思维的工具

维果茨基认为，语言（言语）和思维各自有不同的发生和发展根源。[①] 在儿童语言发生之前，我们通常说是在1.5岁左右之前，处于“前语言发展期”的婴幼儿还没有语言，其思维方式主要是动作思维，通过具体的动作操作、直接感知来认识周围世界。而到了1.5岁左右的时候，孩子开始说话了，他学着用语言符号去命名周围的世界，这些命名中就隐含着一定的概念，可以借助这些概念来表征、思考和表达，这就使个体能够超越自身的直接感官感知世界，此时幼儿的思维也逐渐转变为言语思维。也就是说，语言和思维是在不同的线上发展的，当1.5岁左右两者发生交集后，语言会促进思维的发展，使思维从动作性的逐渐转变成言语性的；同时思维也会促进语言，使得语言逐步概括化。当然幼儿仍以形象思维为主，依赖于具体形象，是在一定情境中运用语言思维。从下面的案例我们来分析幼儿的语言是如何成为思维的工具的。

案例

石头变成铃铛

（孩子，女，3岁8个月，在爸爸身边很大声地吵闹。）

爸爸：你是孙悟空，石头里生的。爸爸妈妈是石头。

爸爸：石头没有声音，不会说话。

孩子：把石头变成铃铛，一摇就有声音了。（**分析：该幼儿理解铃铛和石头的语义差异，铃铛和石头不一样，“一摇就有声音”，这也是推理的前提。因为铃铛一摇就有声音，所以当石头变成铃铛时，她自然会说话了，这就是推理的结论。她用语言来表述了自己的理由，这里隐含了初步的“三段论推理”，外显了其演绎思维的过程。**）

（爸爸笑了。）

孩子：把石头踩碎，我就变成人了（意思是从石头里钻出了，变成人了）。（**分析：该幼儿运用了联想思维的方式，结合了爸爸所讲的《西游记》中石猴横空出世这段故事，更加深入地思考了石头可以变成人的“合理”原因。**）

（二）幼儿期是口头语言发展的关键期

人从一出生就开始了母语习得，在经历了从0—1.5岁的言语准备期后，3—6岁阶段是口头语言发展关键期：母语语音基本建立，习得了常用词汇和句子，开始逐步用完整的语段表达自己的想法。我国有学者（陈宝国、彭聃龄，2001）综合中西方各种研究认为，语言习得的关键期一般是指从出生到青春期前的这段时间，其中1—5岁

---

① 维果茨基著，余震球选译：《维果茨基教育论著选》，人民教育出版社，1994年版。

较为关键。① 这一关键期包括了口头语言和书面语言的学习，其中1—5岁以口语语言为主。幼儿期作为口头语言的关键期，主要体现在以下几个方面。

语音：3—4.5岁都处在语言发展飞跃期之内。②（赵寄石、楼必生，2003）

词汇：3岁和5岁是词汇量增加的高峰。③（赵寄石、楼必生，2003）4—5岁是词汇丰富的活跃期。④（史慧中，1990）

句法：3岁已经基本上是说完整句，6岁时说有装饰性的句子已达91.3%。⑤（朱曼殊，1986）4—5岁复句发展较快；（周兢主编，2009：17）2—6岁逐步具有疑问句的所有形式。⑥（赵寄石、楼必生，2003：119）4—5岁，已经大量使用“给”字句和“让”字句。⑦（朱曼殊，1986）

在幼儿口头语言关键期阶段，语言教育不仅重要，而且不容错过时机，否则事倍功半。我国学者（赵琳，2003）曾对一例个案进行了研究，发现该个案早期接受的语言教育与他后继语文能力发展呈正相关。良好的早期语言教育为个体后继语文学习和其他学科学习奠定了良好的基础。⑧

（三）幼儿语言学习的方式——交流和运用

幼儿语言学习就是指幼儿在后天环境或有目的的教育情境中，主动掌握某种语言的过程。换言之，也是掌握语言符号并将语言符号与它所代表的事物建立联系的过程。那么，幼儿是怎样学习语言的呢？

案例1

王小妮是谁？

（笔者的谈话对象：王小妮，女，4岁。）

I：你叫什么？

C：我叫王小妮。（**分析：幼儿已经具备的语言经验是能够理解疑问句“你叫什么？”并能用合适的代词回答。**）

---

① 陈宝国、彭聃龄：《语言习得的关键期及其对教育的启示》，载《心理发展与教育》2001年第1期，第52页。

② 赵寄石、楼必生：《学前儿童语言教育》，人民教育出版社，2003年版，第95页。

③ 同上，第99页。

④ 张明红：《学前儿童语言教育》，华东师范大学出版社，2001年版，第181页。

⑤ 赵寄石、楼必生：《学前儿童语言教育》，人民教育出版社，2003年版，第116页。

⑥ 同上，第119页。

⑦ 同上，第119页。

⑧ 赵琳：《儿童早期语言教育与其后继语文能力发展关系的研究报告——一项早期家庭教育的追溯研究》，载《学前教育研究》2003年第11期，第15—18页。

I：你是谁？

C：我是王小妮。你是谁？（**分析：**幼儿已经具备的语言经验是能够理解并能准确使用疑问句“你是谁？”并会自如提出同样问题。）

I：我是张金梅。王小妮是谁？

C：不知道。（**分析：**幼儿不会回答“人名＋是谁？”这一疑问句，其实对于这个问题还是不能理解。这说明该幼儿没有具备这方面的语言经验。）

I：王小妮是她吗？（指她身边的妈妈。）

C（哈哈笑）：不是。

I：王小妮是兔兔？（另一个孩子名字。）

C（哈哈笑）：不是。

I：王小妮是谁？

C：不知道。（**分析：**成人虽然通过交流加以间接引导，但是幼儿还是不能回答这一疑问句。）

I：张金梅是谁？

C：是你！（**分析：**从幼儿的正确回答来看，这一个问题让幼儿理解了这一疑问句的含义。）

I：对，张金梅是我。（**分析：**成人没有直接告诉幼儿答案，而是承接对话，以说话人自己的身份进一步解释，并隐含了正确答案：“人名＋我”。）

C（高兴的样子）：王小妮是我。（**分析：**幼儿终于自己说出了正确答案，而且在以后与笔者相遇后，都很容易地回答出了这个问题。由此说明该幼儿已经获得了这一新的语言经验。）

分析：幼儿在对话中增加了新的语言经验，从最初不知如何回答“王小妮是谁”的问题，经过启发，到最后知道“王小妮是我”的正确答案。幼儿就是在这样的过程中学习语言。幼儿的语言能力是在交流和运用的过程中发展起来的。

但是，在幼儿园一日生活环节或者较为正式的教学活动中，教师往往会忽略幼儿即将发生的语言学习行为，其原因是教师并不理解幼儿言语中所隐藏的“错误”，也就是一些幼儿没有具备的语言经验。这里，以一个案例来具体说明。

案例 2

我是第三胞胎

正当我与其他小朋友一起“看电视”时，馨馨和梦梦走过来说：“老师，我们想当你的孩子。”我欣然答应，并带他们“串门”“逛公园”“上图书馆”，玩得很开心。

小雨听说了这件事，也跑来对我说：“老师，我也想当你的孩子。”我推辞说：“我的孩子已经太多了，本来一个家只有一个孩子，现在我已经有两个了。”小雨没有走，她接着说：“现在有三胞胎，我就是第三胞胎。”①

分析：小雨说到了两个词“三胞胎”和“第三胞胎”。第一个词在语法上是正确的，但是语义的使用不当：“三胞胎”不仅是一个妈妈有三个孩子，而且这三个孩子必须是同时出生的，而小雨只理解了三胞胎是三个孩子。至于“第三胞胎”，在语法上就不正确了，一般不使用“第”＋“三胞胎”这一组合关系，而是说“最小的”“老三”“小妹(弟)”。教师常常在这里就结束了对话，其实教师可以引导孩子理解“三胞胎”的概念，甚至可通过交流使孩子认识到妈妈生孩子的辛苦与幸福。

综上所述，幼儿的语言能力是在交流和运用的过程中发展起来的。传统的观念往往会阻碍我们对于语言学习和发展的认识：我们真的要先学会发音才会说话吗？要先识字才能阅读吗？要先学会笔画才能开始书写吗？人类使用语言，恰是因为它有可以使用的功能，为了达到某个目的，才用语言。全语言教育观认为，幼儿通过语言学习事物时，同时学习了语言本身以及与语言有关的知识。② 幼儿的语言学习不能归结于单纯的语言知识的学习，而是在与周围世界互动中，不断发展和完善语言的。

小结：语言对于幼儿来说，既是学习的对象，也是“交流和思维的工具”。在幼儿期这一口头语言发展的关键期，幼儿是在与周围世界的互动中、在交流和运用中发展语言能力的。

二、幼儿语言学习与发展的目标框架

(一) 幼儿语言学习与发展目标框架的横向与纵向分析

《指南》中幼儿语言学习与发展的目标包括了两个层面：一是倾听与表达，二是阅读与书写准备。本文从横向与纵向两个角度来分析这一目标框架，如下图：

横向分析：倾听与表达——口头语言
阅读与书写准备——书面语言
纵向分析：理解　表达

图：语言学习与发展目标框架横向和纵向分析

从横向来看，两个层面的语言目标涵盖了口头语言和书面语言两个系统。既然幼儿期是口头语言发展的关键时期，那为什么还要关注书面语言呢？在传统书面语

① 蒋华：《让幼儿在运用语言的过程中学习和发展语言》，载《家庭与家教》2008年第7期，第53页。

② 肯·古德曼著，李连珠译：《全语言的全“全”在哪里？》，信谊基金出版社，1998年版，第11页。

言理论看来，书面语言是记录口头语言的，为口头语言服务，一个人先有口头语言，才有书面语言。广义文字学有关汉字发生的研究则提出了完全不同的观点，在中华文明的发生期(对应于龙山时期和黄帝时期)，文字符号和语言符号是相对平行的两个系统。文字符号是直接表情达意的符号。这时语言符号和文字符号之间的约定相对松散，文字的表达比较多样化，比如岩洞壁画、族徽、占卜符号等。在这一阶段的后期才开始出现字、画的初步分离：文字向记录语言过渡；图画则向表情、表意发展。[①] 有关两名儿童前书写的个案研究也发现，早期符号发展似乎也在复演这样一种发展过程：在他们书写发展的早期，文字符号是一种直接表情达意的符号，甚至取代口语成为他们较偏好的符号系统。而且其形式比较多样化，表达方式也相对自由。[②]（曹楠，2012)全语言的提出者——古德曼也指出："书面语言绝不只是口语的记录而已。"他认为书面语言有许多口语所没有的重要功能，比如提供资讯的环境文字，人们在工作时所做的阅读和书写的职业文字，用来储存、组织或提取资讯等书面语言的资讯文字，小说类的休闲文字，以及宗教团体在仪式中使用的仪式文字。[③] 由此可见，"阅读和前书写准备"对书面语言的关注，看来是符合语言符号系统和儿童前书写发展的规律的。

从纵向分析来看，"倾听"和"阅读"重在语言的理解，"表达"与"书写准备"重在语言的表达。语言理解包括了词义和句义的理解，乃至说话情境的理解等；语言表达包括发音清楚，用词恰当，句子完整，以及有良好的语言运用能力。根据语言加工信息学原理，语言理解在先，语言表达在后，即有了理解才有表达。进一步而言，理解是表达的基础，在表达过程中会促进理解。但是，对语言理解的忽视，尤其对口头语言倾听能力和习惯养成的忽视，仍然是当前幼儿语言教育中存在的问题。

(二)"倾听与表达"的子目标分析

"倾听与表达"中包括三个子目标：

1. 认真听并能听懂常用语言——指向"语言理解"。
2. 愿意讲话并能清楚地表达——指向"语言表达"。
3. 具有文明的语言习惯——指向"语言运用能力"。

这三个子目标在《指南》中都明确提出了年龄层次的递进关系：

---

① 黄亚平、白瑞斯、王霄冰主编：《广义文字研究》，齐鲁书社，2009年版，第4—9页。

② 曹楠：《汉语儿童前书写个案研究》，南京师范大学硕士学位论文，2012年，第61页。

③ 肯·古德曼著，李连珠译：《全语言的全"全"在哪里?》，信谊基金出版社，1998年版，第51页。

1. 认真听并能听懂常用语言——语言理解

表 1 目标 1:认真听并能听懂常用语言

3—4 岁	4—5 岁	5—6 岁
1. 别人对自己说话时能注意听并做出回应。 2. 能听懂日常会话。	1. 在群体中能有意识地听与自己有关的信息。 2. 能结合情境感受到不同语气、语调所表达的不同意思。 3. 方言地区和少数民族幼儿能基本听懂普通话。	1. 在集体中能注意听老师或其他人讲话。 2. 听不懂或有疑问时能主动提问。 3. 能结合情境理解一些表示因果、假设等相对复杂的句子。

从上表内容来看,语言理解包括了三个维度:有意识倾听、理解性倾听、本民族语言与普通话的理解。

有意识倾听的年龄层次——

3—4 岁:能注意听。

4—5 岁:有意识听。

5—6 岁:能在集体中注意听。

理解性倾听的年龄层次——

3—4 岁:听懂日常会话。

4—5 岁:感受不同语气、语调的意思。

5—6 岁:主动提问,理解复杂的句子。

听懂本民族语言和普通话——

语言是一种文化,没有高低贵贱之分,普通话是为了更好地交流,民族语言也应该保留。

2. 愿意讲话并能清楚地表达——语言表达

表 2 目标 2:愿意讲话并能清楚地表达

3—4 岁	4—5 岁	5—6 岁
1. 愿意在熟悉的人面前说话,能大方地与人打招呼。 2. 基本会说本民族或本地区的语言。 3. 愿意表达自己的需要和想法,必要时能配以手势动作。 4. 能口齿清楚地说儿歌、童谣或复述简短的故事。	1. 愿意与他人交谈,喜欢谈论自己感兴趣的话题。 2. 会说本民族或本地区的语言,基本会说普通话。少数民族聚居地区幼儿会用普通话进行日常会话。 3. 能基本完整地讲述自己的所见所闻和经历的事情。 4. 讲述比较连贯。	1. 愿意与他人讨论问题,敢在众人面前说话。 2. 会说本民族或本地区的语言和普通话,发音正确清晰。少数民族聚居地区幼儿基本会说普通话。 3. 能有序、连贯、清楚地讲述一件事情。 4. 讲述时能使用常见的形容词、同义词等,语言比较生动。

在这一子目标中，语言表达包括了谈话能力和讲述能力。本文重点分析讲述能力，从中归纳出讲述能力的核心经验：

(1) 完整讲述（有中心、完整性）。有中心的讲述即讲述要围绕一定的话题；完整讲述即讲述内容完整，句子结构完整，其中复述故事一般重在对完整故事情节的讲述上。

(2) 连贯讲述（有序性、有重点）。有序性讲述即讲述能按照一定的顺序，比如时间顺序、事件发展的顺序、图画空间顺序等；有重点讲述即讲述要详略得当，有的要详细地描述细节和感受，有的则可简单概括。

(3) 清楚讲述（发音清楚、手势语言配合、词语适当、词语丰富）。清楚讲述重在使听话人明白、觉得有趣，因此发音要清楚；在讲述时可配合适当的手势、表情；词语搭配要恰当；词语要丰富且较为生动。

当然，讲述能力在不同年龄阶段也是有不同侧重的，随着年龄的增长能力有所提升，比如要求 3—4 岁幼儿“配以手势动作”表达；要求4—5岁“基本完整地讲述自己的所见所闻和经历的事情”；对 5—6 岁幼儿则要求“有序、连贯、清楚地讲述一件事情”。

指导幼儿讲述画面内容是很常见的幼儿园讲述活动。我们可以从上述讲述能力的核心经验角度，来分析一个幼儿园大班的看图讲述活动《人群》：涉及哪些讲述能力？如何设计这一看图讲述活动？

案例

一个看图讲述活动

图画作品分析：单幅画面/人物角色多/地点明确/人物神态、动作各异。

讲述类型：看图讲述。

活动设计方案：

目标：

1. 感受人群景象，观察不同人物的神态、动作。

2. 能够用恰当的语言有重点地完整讲述(表述)对人群的理解。

分析：讲述能力核心经验——(1)完整讲述包括在公交站台上等车这一事件的完整过程；(2)因人物角色多，只需要重点讲述某个或某一组人物角色；(3)人物神态、动作各有不同，大班幼儿需用恰当的语言清楚地加以描述。

准备：

1. 人群图片。

2. 爸爸妈妈引导孩子观察车站等车人群。

3. 其他。

过程：

活动环节	分析
1. 观察《人群》图片，并初步描述。 (1) 呈现局部的人群图片(站牌和汽车)，幼儿猜测地点。 教师：请看看图片上有什么，这是什么地方？ (2) 呈现完整人群图片，感受公交站台人群中各种各样的人。 教师：你看到了什么？他们是谁？正在做什么？表情怎么样？心里会想什么？	“地点”是讲述的开始部分内容。 初步完整观察，并列举式地描述人物的动作、表情。
2. 幼儿讲述自己感兴趣的人物。 (1) 教师请幼儿再次观察图片，并选择自己喜欢的人物，在集体面前讲述。 教师：请从这幅图片上选出你喜欢的人物，仔细看，再想一想，请你说说这些人是谁，在做什么，表情怎么样，心里怎么想，讲给大家听听。 (2) 幼儿两两相互讲述自己感兴趣的人物。	以幼儿感兴趣的人物作为讲述的主要内容，注重衔接幼儿已有的讲述经验，并启发幼儿能在集体面前更为深入地讲述。
3. 引进新的讲述经验，能够围绕人物之间的关系有重点地讲述。 (1) 教师请幼儿再次观察并讲述图片中的两个小孩子和其旁边的人。 教师：仔细看看这两个孩子旁边站的是谁，在做什么，表情怎么样，心里怎么想的，他们之间会说些什么？讲给大家听听。 (2) 幼儿两两相互讲述。	从人物关系的角度来讲述，对幼儿来说是新的讲述经验，需要幼儿猜测角色身份，以及他们之间的对话。

（续表）

活动环节	分析
4. 巩固讲述经验，有重点地完整讲述。 (1) 讨论讲述的开始部分：时间和地点。 教师：这一群人在什么时间，在哪里，做什么事情？请用一句话完整地讲一讲。 (2) 讨论讲述的中间部分： ① 详细讲最喜欢的人物或有联系的人物。 ② 简单地讲一讲其他一些人物。 (3) 讨论讲述的结束部分。 (4) 完整讲述。	将已有经验与新经验结合起来，进行有重点的完整讲述，其重点讲述体现在讲述的中间部分——详略得当，完整性讲述体现在讲述内容包括开始、中间和结束部分。

3. 具有文明的语言习惯——语言运用能力

表 3　目标 3：具有文明的语言习惯

3—4 岁	4—5 岁	5—6 岁
1. 与别人讲话时知道眼睛要看着对方。 2. 说话自然，声音大小适中。 3. 能在成人的提醒下使用恰当的礼貌用语。	1. 别人对自己讲话时能回应。 2. 能根据场合调节自己说话声音的大小。 3. 能主动使用礼貌用语，不说脏话、粗话。	1. 别人讲话时能积极主动地回应。 2. 能根据谈话对象和需要，调整说话的语气。 3. 懂得按次序轮流讲话，不随意打断别人。 4. 能依据所处情境使用恰当的语言。如在别人难过时会用恰当的语言表示安慰。

从表 3 看，该项目标包括了语言运用能力方面的以下几个维度。

(1) 回应：眼睛的回应——眼睛或言语的回应——积极主动地回应。

(2) 声音大小：适中——根据场合调整。

(3) 礼貌用语：在成人的提醒下——主动使用。

(4) 语气：谈话对象和需要。

(5) 策略：轮流。

(6) 功用：能依据所处情境使用恰当的语言。

其中“回应”维度依次在三个年龄段有不同的水平；“声音大小”和“礼貌用语”维度在 3—4 岁和 4—5 岁两个年龄段有不同的水平；语气、策略和功用维度要求较高，仅在 5—6 岁年龄段有所体现。

此外，“阅读与书写准备”目标包含的三个子目标，分别有所指向：(1) 喜欢听故事，看图书，指向阅读的情感态度；(2) 具有初步的阅读理解能力，指向阅读能力；(3) 具有书面表达的愿望和初步技能，指向前书写的情感态度与技能。

小结:该目标框架既关注了幼儿口头语言和书面语言两类不同符号系统的学习与发展,也关注了语言的理解与表达。

三、 建构幼儿语言的交往环境

《指南》中明确提出:“应为幼儿创设自由、宽松的语言交往环境,鼓励和支持幼儿与成人、同伴交流,让幼儿想说、敢说、喜欢说并能得到积极回应。”那么,为什么要建构语言交往环境?语言交往环境是什么?以及如何建构幼儿语言交往环境?

(一) 为什么要建构语言交往环境——当前幼儿语言教育的误区

当前我国幼儿语言教育在幼儿园集体语言教育教学方面取得了较为显著的成果,但是总体来看仍然存在一些误区。

误区 1. 语言课=语言教育。我们知道,幼儿语言教育内容包括正式的语言教育和渗透式的语言教育。前者一般以集体语言活动(教师常称其为“语言课”)为主,有谈话活动、讲述活动、听说游戏、早期阅读和文学活动各种类型。在当前的幼儿园语言教育中,教师花了大量的心思去关注这些语言课如何设计,去关注语言课准备的精美与完备程度,去关注语言课的实施与效果,甚至形成了“语言课=语言教育”的一种狭隘的朴素观念,却忽视了平时一日生活中更为重要的渗透式的语言教育,比如与幼儿个别或集体的谈话、其他领域中的语言教育等。在“重语言课,轻渗透”的情形下,幼儿的话语难以得到教师的倾听、理解和引导;语言课以集体教学形式为主,一般只能给较少幼儿以表达的机会,不能保证大多数幼儿语言得到充分发展。如此一来,语言教育的效果令人担忧。

误区 2. 讲故事、念儿歌=语言教育。在一些幼儿园常用的主题课程的教材中,与语言教育有关的活动多为故事教学、儿歌教学这类文学活动(其中包含了一定的图画故事书阅读),其他类型的语言活动较少,尤其是传统的讲述活动也较为鲜见。文学活动的语言教育价值毋庸置疑,当然也是幼儿所感兴趣的,但是其他类型的语言教育活动也有其独特的价值,谈话活动注重语言交流能力,讲述活动注重独白语言的构思与正式性表述,听说游戏注重语言理解与表达技能的巩固。“讲故事、念儿歌=语言教育”的局面使得正式的语言教育内部也出现了失衡,忽视了幼儿谈话交流能力、讲述能力和一些发音、组词造句、语言回应等技能的训练,带来幼儿语言能力发展的不全面。

误区 3. 读写汉字=语言教育。当前依然存在幼儿园“小学化”,问题主要表现之一正是以“读写汉字”作为语言教育的主要内容,大量的识字、写字训练与幼儿生活经验脱节，或以识字多作为幼儿智商高的标准，这些错误的“超前教育”做法和观念都是我们应该坚决摒弃的。另一方面，幼儿在幼儿园“坚决不能识字、写字”也不是我们所提倡的，《指南》恰恰把“阅读和书写准备”作为目标之一，幼儿在周围生活环境中自发地、主动地发现文字、认读文字、探究文字等阅读和前书写行为都是十分正常的，对他们这样的需求应该给予充分的满足。

（二）语言交往环境是什么——幼儿语言教育应当是什么

从建构语言交往环境的视角来看，幼儿语言教育应当是教师与幼儿共同建构自由、互动、接纳、丰富、支持的语言交往环境。一方面，语言教育的主体不仅有教师，还应有幼儿，即幼儿的需要、兴趣都应当成为语言教育内容的来源，由此形成教师与幼儿的共同建构；另一方面，真正属于幼儿的语言教育不是外部灌输的语言教育，而是在建构一种幼儿与教师、幼儿与幼儿、幼儿与各种材料之间互动的语言交往环境，这一环境是自由的、互动的、接纳的、丰富的和支持的，使得幼儿在其中充分地听，充分地说，充分地“读”，充分地“写”。但是，当前幼儿语言交往环境还是存在诸多问题。从以下案例中让我们来解读语言交往环境的真正内涵。

案例 1

小嘴巴闭闭紧

幼儿园中一班教室，孩子们吃过早点、用过卫生间后，陆陆续续地回到了自己的座位上，等着老师开始今天第一个集体教学活动。座位相邻的孩子们三三两两地开始小声地说着话，有的声音大了一些，教室内显得有些躁动。老师立刻大声地提示：“我看看谁的小嘴巴闭得紧紧的。”教室立刻安静了许多。不一会又像刚才一样了，老师再次大声提醒，效果却不如上次了……

分析：这是一个不被允许自由说话的环境。而实际上，这里应该是可以小声而自由交流的环境。与“小嘴巴闭闭紧”类似的常规管理在幼儿园比较常见，当这一要求用在有一定时间长度(5—10 分钟)的过渡环节时，就是对幼儿自主语言表达的压抑，而且幼儿会以说话主动地“违规”。其实，当我们把过渡环节中幼儿的语言交流当作一种渗透语言教育的机会，在不影响他人的情况下鼓励幼儿小范围地小声交流、聊天，恰恰给予了幼儿语言交往的机会，并且在满足了幼儿的表达欲望后，会使幼儿更加有效地投入到下一个活动中。

案例 2

发烧要开刀

在一个大班"医院"的区域里，扮演"医生"和"护士"的孩子正在等待"病人"到来，可是好长时间都没有"病人"。老师在一旁看见了，就主动来做"病人"："哎呦，我身体不舒服了。""医生"笑眯眯地量了体温，说道："41 度，你发烧了，要开刀！"于是孩子在一旁忙碌了一阵。这时另外有孩子找老师帮忙，老师就离开了，没有给予该"医生"后续的回应。

分析：这是一个被忽略的语言交往过程。而实际上这里应该是一个得到成人积极互动的语言交往过程。当这名幼儿在游戏中抛出了一个方案后，不论是否合理，都应该得到教师的积极互动，而不是忽略。更何况发烧就要开刀吗？成人完全不应该如此简单地"忽略"掉这样的语言交流机会。

案例 3

汽车开哪里

在一个小班语言游戏教学活动过程中，老师和孩子们一起玩游戏"汽车就要开了"。其玩法是：先由老师扮演司机，司机说："嗨嗨，我的汽车就要开。"孩子问："哪里开？"司机必须回答出开往某个城市，比如"上海开"。教师扮司机玩了两三遍后由孩子扮演司机。但是当乘客问"哪里开"时，做司机的幼儿总是说"动物园开""科技馆开""公园开"等，不能说出具体的城市。老师则不断强调汽车要开去的是一个城市，偶尔有一两个孩子说出了某个城市，老师才给予表扬。

分析：这是一个高控制的语言交往过程。而实际上这里应该是接纳性的语言交往过程。教师在游戏规则上要求以"城市"名称回应，对小班幼儿来说很难，他们乘坐汽车的已有经验是一些具体的场所名称。教师一味地强调已经制定的游戏规则，而没有接纳幼儿的语言经验。其实，教师可以及时调整游戏规则，接纳幼儿的已有经验。

案例 4

风帆？船帆？

在一个中班《云彩和风儿》散文教学活动过程中，当老师和孩子一起朗诵"扬起风帆"时，很多孩子异口同声地说"船帆"，老师立刻纠正："不是船帆，是风帆，来和我一起说一说，风帆，风帆……"孩子们学着老师说着"风帆"。可是下次集体朗诵时，他们在说"风帆"前迟疑了一会儿，又说成了"船帆"……

分析：这是一个要求和文本说一样的话的语言交往过程。而实际上这应该是鼓励孩子创造性表达的过程。在文学活动中，教师经常会遇到类似的难题：面对幼儿不太理解某些书面化的文学语言，例如“风帆”意思是乘着风儿前行的船帆，究竟是要求幼儿必须正确复述，还是可以用自己的语言？对教师而言，需要根据幼儿的语言水平对文本语言加以修改吗？对于前一个问题的回答是，幼儿在文学语言表达上可以有一定的自由度，即可以使用他们自己所能理解、表达的词语，只要意思是一致或相近的；对于后一个问题的回答是，诗歌、散文等韵文作品在词语上讲究意境和韵味，教师一般不要轻易改动，还是给予幼儿原汁原味的文学语言，尽量让幼儿去体味，但不可强制要求其复述一致。

（三）怎么建构幼儿语言交往环境——建构幼儿语言交往环境的多种途径

怎么建构幼儿语言交往环境？这是《指南》在语言教育建议中的核心问题，也是幼儿园教师当下最应当关注的。教师与幼儿共同建构的自由、互动、接纳、丰富、支持的语言交往环境，应该是与幼儿生活、幼儿经验紧密联系在一起的，也就是一种“回归生活的语言教育”，既要有幼儿在幼儿园一日生活中的语言教育，也要有在幼儿园主题课程或其他领域活动中的语言学习。这里重点解释在幼儿园一日生活中的语言教育。

1. 幼儿语言学习的资源——多样

幼儿语言学习的资源来自于幼儿的生活，呈现出多样化的特点，来自于教师、幼儿、家长和社区等，且内容与形式丰富。例如：

“鼓励和支持幼儿与同伴一起玩耍、交谈，相互讲述见闻、趣事或看过的图书、动画片等。”这些语言学习的资源形式多样，有趣闻趣事、图书和动画片等，并且都是来自幼儿自己的生活。

“结合生活实际，帮助幼儿体会文字的用途。如买来新玩具时，把说明书上的文字念给幼儿听，了解玩具的玩法。”这一语言教育内容是玩具说明书，通过教师和幼儿共同阅读，既要幼儿通过教师讲述、自己的看图来理解其内容，还让幼儿认识到文字与书面语言的关系。此外，还有很多来自生活的图文并茂的材料，比如广告宣传单、广告牌、行道标志、幼儿园各种标志、剧院戏票等等，都可以成为幼儿阅读的材料。

2. 幼儿语言学习的时空——弹性

幼儿语言学习在时间和空间上更为弹性，不再仅仅局限于正式的集体语言教育活动，而应贯穿于幼儿在园一日生活中。关于这一点，虽然早已提出，但是实际运用还很不足。这就要求教师成为真正的“有心人”，随时随地发现幼儿语言学习机会。

例如：

“每天有足够的时间与幼儿交谈。如谈论他感兴趣的话题，询问和听取他对自己事情的意见等。”这个时间必须是足够的，同时也是弹性的，教师不能以没有时间为借口，要随时寻找机会。当幼儿有感兴趣的话题，遇到各种问题或困难时，都要找时间与幼儿个别或集体交流。

“经常抽时间与幼儿一起看图书，讲故事。”这个时间也是随机的，在餐前饭后、午睡后、区域游戏、离园等环节都可以。

“准备供幼儿随时取放的纸、笔等材料，也可利用沙地、树枝等自然材料，满足幼儿自由涂画的需要。”幼儿自由涂画是随时的，当幼儿需要用这些涂写材料来记录、表达自己想法的时候，都应予以满足。

3. 幼儿语言学习的形式——个别、小组、集体

幼儿的语言学习形式也是多样的，应打破以集体教学为主要形式的传统语言教育，将个别、小组与集体形式相结合。当幼儿的语言学习经验是个别化的，就以个别的形式进行；当幼儿的语言学习经验涉及部分幼儿，或者幼儿相关语言能力有所差异时，可以结合内容或者能力分组教学，比如有些幼儿对文字特别感兴趣，就可以在书写区加以引导；比如有些幼儿遇到一些感兴趣的、需要不断探究的问题，教师可引导他们共同查阅各种资料，理解与解决问题。当幼儿的语言学习经验涉及部分幼儿，或者幼儿相关语言能力基本接近时，可以采用集体形式，比如有些幼儿喜欢给大家讲一讲笑话、故事，教师和幼儿谈论最近发生的重大新闻事件或者幼儿感兴趣的趣闻趣事，等等。

小结：幼儿语言教育应走出重语言课、轻语言交往环境的误区，鼓励教师与幼儿共同建构自由、互动、接纳、丰富、支持的语言交往环境，走向回归生活的语言教育。

第五讲

《指南》社会领域解读

刘晶波

《指南》的颁布，不仅对幼儿的发展和学习做出了一些评估性的描述与说明，也特别关注了幼儿所来自的家庭、所接受教育的专门化的机构（即幼儿园）在幼儿发展过程中应该怎样给予幼儿支持与帮助，并对家长与幼儿教师如何在多种具体场景中有效地实施各种支持与帮助提出了实用的建议。纵观这样一个经众多学者共同探究、长时间反复验证后最终推出的纲领性的文件，我们可以注意到以下四个方面的总体特征：

1. 用分领域的方式描述幼儿的学习与发展。
2. 用分年龄的方式明确给出了儿童发展的具体目标。
3. 在明确目标的基础上，筛选出每一个年龄段最基本、最重要的教育内容。
4. 针对每一项学习内容，都给出了具体细致的、操作性强的教育建议。

把握这些特征，针对每一个具体领域的核心命题、内容、目标、教育方法逐一进行反复研读、反复实践，是我们领会、贯彻《指南》的必经之路。社会领域是《指南》所明确的儿童发展的五个部分之一，相比其他四个领域，幼儿在社会领域的发展以及教育者们需要在这个领域所进行的引导与培养都有其独有的特点。我们将从《指南》对社会领域部分的概述、所隐含的关键命题、幼儿基本的人际关系与实践《指南》时需要注意的问题等方面进行说明。

一、“社会性发展”的概念与《指南》中社会领域内容概述

“幼儿社会领域的学习与发展过程是其社会性不断完善并奠定健全人格基础的过程。”这是《指南》对社会领域的学习所作出的定位。在对之进行深入分析之前，我们必须对社会性的概念做一简单的梳理。

作为人类个体发展中的一个关键部分，社会性有广义和狭义之分。广义的社会性是与人作为生物个体所具有的生物性相对而言的，泛指人在社会生活过程中所形成的全部社会特征的总和，涉及人的社会心理特性、政治特性、道德特性、经济特性、审美特性、哲学特性、宗教特性等因为人在人类社会中生活而获得的所有社会属性；狭义的社会性则是指因为人参与社会生活、与人交往而在他固有的生物特性基础上形成的那些独特的社会心理特性，这些特性使个体能够适应周围的社会环境，正常地

与别人交往，接受别人的影响，反过来也影响别人，在努力实现自我完善的过程中积极地影响和改造周围环境。

凭借人们在人类演变的过程中所累积的经验与教训，我们知道：良好的社会性发展对于个体身心健康，对于个体健全人格的形成，对于个体创造性潜能的开发，对于个体对幸福的感知，对于个体所隶属的社会群体乃至整个人类社会的和谐发展，都具有至关重要的作用。幼儿阶段是个体良好社会性养成的关键期，因此，在幼儿阶段关注幼儿社会性发展的规律性，着重而适宜地促进幼儿社会性的发展，是任何一种文化、一个国家在早期教育实施过程中都竭力倡导和推进的。

因为历史原因，幼儿社会性养成教育在我国幼儿教育实践中曾经有过将近半个世纪的断裂、停滞。① 此次《指南》对幼儿社会性发展特征的描述，对幼儿社会性培养目标的设定，以及具体教养实践的建议，无疑将会大大推动、革新我国幼儿社会教育的实践，并最终真正促进我国幼儿的社会性的和谐发展。

幼儿在社会领域的发展在《指南》中被表述为两个部分：人际关系与社会适应。结合具体情况，幼儿在这两个部分的发展被分解为七个目标：

人际关系方面：1. 愿意与人交往；2. 能与同伴友好相处；3. 具有自尊、自信、自主的表现；4. 关心尊重他人。

社会适应方面：1. 喜欢并适应群体生活；2. 遵守基本的行为规范；3. 具有初步的归属感。

围绕这些综合性目标，《指南》一方面针对不同年龄阶段的幼儿提出了具体的要求，另一方面又针对如何实现这些教育目标给出了两级递进式的教育建议。

以人际关系方面的第一个目标“愿意与人交往”为例，针对幼儿的年龄特征，目标细化如表一所示：

表一　愿意与人交往

3—4 岁	4—5 岁	5—6 岁
1. 愿意和小朋友一起游戏。 2. 愿意与熟悉的长辈一起活动。	1. 喜欢和小朋友一起游戏，有经常一起玩的小伙伴。 2. 喜欢和长辈交谈，有事愿意告诉长辈。	1. 有自己的好朋友，也喜欢结交新朋友。 2. 有问题愿意向别人请教。 3. 有高兴的或有趣的事愿意与大家分享。

① 在我国学前教育发展的历程中，前辈们曾经为幼儿社会教育的实施积累了相对丰富的理论与实践经验，但在 20 世纪 50 年代初期直到 21 世纪初，我国学前教育呈现出了忽视、弱化幼儿社会性养成，以政治教育、道德教育替代社会教育的特点，这种情况一直持续到 2001 年新的《幼儿园教育指导纲要（试行）》颁布才得以缓解、纠正。

针对如何帮助幼儿达到表格中的目标要求,《指南》给教育者提出的一级指导建议为:

1. 主动亲近和关心幼儿,经常和他一起游戏或活动,让幼儿感受到与成人交往的快乐,建立亲密的亲子关系和师生关系。

2. 创造交往的机会,让幼儿体会交往的乐趣。

这是两项一级指导建议。接着又就如何落实一级建议提出了:

1. 利用走亲戚、到朋友家做客或有客人来访的时机,鼓励幼儿与他人接触和交谈。

2. 鼓励幼儿参加小朋友的游戏,邀请小朋友到家里玩,感受有朋友一起玩的快乐。

3. 幼儿园应多为幼儿提供自由交往和游戏的机会,鼓励他们自主选择、自由结伴开展活动。

这是更为具体、可操作的二级建议。在整个社会领域部分,《指南》以这种表述方式共给出了十九条一级建议、近四十条二级建议,全面、细致、准确地囊括了幼儿社会性发展与教育过程的各个方面。

二、关于幼儿社会性养成的关键命题解析

透过两个方面、七个目标、十九条一级建议、近四十条二级建议的表述,我们可以注意到,《指南》在社会领域的内容是由一些关于幼儿社会性养成的关键性命题支撑着的。解析这些命题是我们深入理解《指南》、实践《指南》的重要前提。

(一) 以关系为基石,促进幼儿社会性的发展

"以关系为基石的教育",简单地说就是在教育实践过程中以建立良好的人际关系——以教师与孩子之间、教师与家长之间、教师与教师之间、孩子与孩子之间等各种在幼儿教育实施过程中所涉及的人际关系为前提,在和谐的人际环境中,将关注幼儿与他人之间的情感关系、信任关系放在首要地位,在此基础上针对幼儿实施指向认知、行为、艺术等多个方面的早期教育。这一命题对于幼儿的社会性发展是至关重要的,因而也被古今中外的许多教育者们以实践或理论的方式进行过细致的阐释与论证。其中在当代最具代表性的是意大利教育家马拉古奇的论述,在《儿童的100种语言》一书中,他专门对"以关系为基石的教育"进行了充分的说明,他及他的同事们所实践的,在全球范围内享有盛誉的"瑞吉欧教育"正是基于这一教育命题而成就的当代幼儿教育实践典范。以往我国关于儿童社会性发展的范围与内容划分得比较宽

泛，导致社会教育实践看似无处不在却又难以准确把握。此次《指南》中特别将幼儿的社会性发展聚焦在人际关系和社会适应两个部分，不仅抓住了幼儿社会性发展与培养的基点，也为幼儿教育实践者锁定了社会教育过程中的范围与重点。

(二) 幼儿的社会性是在与他人的互动中得以发展的

如果说“以关系为基石”的命题是为促进幼儿社会性的和谐发展构筑了一个平台，那么“幼儿需要与他人进行互动”则概括地指明了幼儿社会性发展的途径。作为社会中的个体，人具有生物性与社会性双重基本属性。生物性的发展是以保证个体生理机体的养分与物质需求，实现维持生命所需要的新陈代谢为前提的，社会性的发展则必须根植于与他人之间的行为往来、交互作用之中。为此，要培养、促进幼儿的社会性发展，就不能采取在其他领域中普遍运用的方式，即在某个固定的时刻、场景，以专门的活动设计单维度地传递知识、技能、规范的方式，而是必须要将教育行为贯穿在幼儿的一日生活中，贯穿于幼儿所经历的各种社会行为实践中，通过一点一滴的生活实践，促进幼儿社会性的养成与发展。在幼儿园的教育过程中，幼儿与教师、与同伴、与幼儿园中其他工作人员之间的每一次直接或间接的行为往来都蕴含着促进或阻碍幼儿社会性发展的契机和因素，都应引起幼儿教育者的关注。

(三) 促进幼儿的社会性发展必须立足于幼儿真实的社会生活

就人类社会发展需要的角度而言，促进幼儿的社会性发展的长远目标是要培养适应人类社会生活的新成员。因而，在众多的幼儿教育实践中，教育者们总是难免想尽早并最大化地把成人社会所认同的社会生活规范、知识、技能传递给孩子，使得他们的社会行为与能力不断规范、增强，不断脱离“孩子气”，不断长大、“长好”。但是，幼儿期是人类个体成长中的一个必经阶段；幼儿有不同于成人的生理、心理、精神发展水平，有他们独有的生命节律、生活秩序、思维特征与情感表达。好的、真正能够促进幼儿社会性发展的教育活动必须立足于幼儿真实的生活本身，从他们在社会生活中面对的真实问题、真实感受，点滴入手，才能切实捕捉到幼儿社会性发展的最近发展区，才能进而切实帮助幼儿成长为我们所期待的拥有良好社会行为习惯及品质的社会新成员，不能单纯、过度关注提高教育活动的效率，把一些从成人视角看上去是理所应当的行为规范过早地添加在幼儿教育目标与内容之中，那样非但欲速则不达，还会根本性地阻碍幼儿社会性的健康发展。

(四) 理解并满足幼儿的社会心理需要是幼儿社会性和谐发展的根本保证

个体生命在发展过程中不仅有其显见的、保障机体正常新陈代谢的生理需要，更有内隐的,支撑个体心理、精神、人格健康和谐发展的社会心理需要。在生理与社会心理双重需要的驱动下,个体不断与外界环境进行交互作用,不断成长。受限于包括成人与幼儿之间所存在的各种差别,成人对幼儿实施养育过程中固有的观念等因素,幼儿的生理需要,比如饥、渴、冷、暖、睡眠、排泄等,容易引起成人的关注,也比较容易得到快速的满足;而他们的社会心理需要,比如对新事物好奇的需要、对尊重的需要、对被赞扬认可的需要、对幽默的需要、对责任感的需要,等等,却常常因为传统儿童观的制约而被成人误以为是"小孩子的事情""不必当真",成人人为地忽视、剥夺了对幼儿这些社会心理需要方面的满足,进而导致"阻碍了幼儿的社会性发展却毫不知情",貌似成功实则惨败的教育实践。限于文本表述的方式,《指南》中只是从"适应群体生活"入手,特别提出了幼儿对归属感的需要,没有明确列举幼儿的各种社会心理需要的特征,但却在其众多具体的教育建议中揭示了关注与满足幼儿社会心理需要的价值及相关的方法与途径。

三、幼儿所经历的人际关系与《指南》中的相关建议

既然《指南》将幼儿的社会性发展范围明确聚焦在人际关系与社会适应两个部分,那么我们在学习、践行《指南》过程中,首要的任务便是明确幼儿在他们的社会生活中经历着哪些类别的人际关系,需要适应哪些层面的社会群体生活。在幼儿的现实生活中,他们所经历的人际关系可以被概括为两种,一种是倾斜模式的幼儿与成人之间的关系,一种是平行模式的幼儿与同伴之间的关系。两种关系又可以具体划分为亲子关系、师幼关系、同伴关系。

(一) 亲子关系

顾名思义是指家长与孩子之间的关系,是孩子开启他们作为人类社会成员的生存之门所经历的第一种人际关系,也是对幼儿良好的社会性养成而言最为重要的人际关系。良好的亲子关系可以积极推进幼儿社会情感的发展,社会行为的形成与管理,社会适应能力的习得与提升。亲子关系的形成主要依托于家庭生活。孩子从出生开始就进入了亲子关系之中。父母对孩子的照顾呵护、对孩子生理与心理需要的满足、父母与孩子之间的彼此依恋、孩子对父母行为与观念的模仿,构成了孩子社会生活的重要组成部分,家庭便由此而成为了对幼儿实行社会教育的最重要的场所,父母也便无可避免地成了孩子社会性发展中最为关键的老师。对于这一点,《三字经》所警示的"养不教,父之过"是非常精准的判断。以弗洛伊德、阿德勒为代表的精神分析学派的心理学家们所做的研究,更让我们从科学的角度认识到了亲子关系在个体

人格发展历程中的奠基性作用。

《指南》中借助“长辈讲话时能认真听，并能听从长辈的要求”“知道父母的职业，能体会到父母为养育自己所付出的辛劳”“知道和自己一起生活的家庭成员及与自己的关系，体会到自己是家庭的一员”“能感受到家庭生活的温暖，爱父母，亲近与信赖长辈”等表述，明确指出了幼儿在亲子关系形成中应该习得的行为目标。这些目标一方面是对孩子的社会性发展提出的要求，另一方面也在提醒、指导父母什么是和谐的人际关系。这一点无论是对纠正我国当下家庭中所存在的放纵、溺爱孩子的误区，还是在从根本上改进、优化促进幼儿社会性发展的家庭教育实践而言，都是非常必要而紧迫的，需要每一位家长关注与重视。

(二) 师幼关系

师幼关系是指幼儿进入专门化的教育机构——幼儿园后，在接受针对他的年龄特征而专门设计的教育与养护的过程中，与幼儿教师之间形成的人际关系。这虽然也是倾斜模式的幼儿与成人之间的人际关系，虽然在形式上带有教养与被教养、引导与被引导、帮助与被帮助的特点，但是师幼关系和亲子关系有很多不同的表征，比如人数比例不同，关系中的情感连接程度不同，关系生成所依据的场景不同，等等。良好的师幼关系在能否帮助顺利地适应社会生活，能否使幼儿获得自尊需要的满足、能否使幼儿建立起自信心等方面，具有重要的甚至是无可替代的作用。为此，教师在落实《指南》精神，实践相关教育建议的同时，必须首先考量自己与孩子之间的关系状态是否可以让孩子感到安全，班集体是否可以给孩子提供认同感与归属感，自己给孩子准备的教育环境是否完备，为孩子设计的教育活动是否适宜……毫无疑问，这些对于一线教师来说都是新的、更高层级的挑战，需要教师在自己的教育实践中反复推敲，反复琢磨，不断积累，进而获得教育能力的真正提升，完满地完成促进幼儿社会性发展的教育目标。

因为侧重于帮助教师明确孩子社会行为发展的具体目标，为教师提供培养幼儿社会性发展的具体策略，所以《指南》中没有针对如何与幼儿建立和谐的师幼关系提出明确的要求，但对教师在与幼儿互动，形成师幼关系的过程中应有的适宜行为做出了明确的规定，比如：“能以平等的态度对待幼儿，使幼儿切实感受到自己被尊重”“对幼儿好的行为表现多给予具体、有针对性的肯定和表扬”“不要拿幼儿的不足与其他幼儿的优点作比较”“鼓励幼儿自主决定，独立做事，增强其自尊心和自信心”“与幼儿有关的事情要征求他的意见，即使他的意见与成人不同，也要认真倾听，接受他的合理要求”“在保证安全的情况下，支持幼儿按自己的想法做事；或提供必要的条件，帮助他实现自己的想法”“幼儿自己的事情尽量放手让他自己做，即使做得不够好，也应鼓励并给予一定的指导，让他在做事中树立自尊和自信”，等等。

这些行为不止需要教师谨记在心，更需要在他们指向孩子的各种教育活动中表现出来。一方面这是执行、贯彻《指南》精神，另一方面，教师适宜的教育行为，师幼之间所形成的和谐的关系本身就在示范着、引导着幼儿社会性的发展。

(三) 同伴关系

简单地说就是指孩子和孩子之间结成的人际关系。同伴关系的形成是幼儿在独立作为社会个体成员存在的过程中最为独立的社会行为表现，是考量幼儿社会性发展是否优良的关键指标，更是影响幼儿社会性发展的重要因素。

众多经验性与实验性的研究表明，幼儿与同伴之间的行为往来（即便是吵架、争抢）是帮助幼儿理解他人、脱离自我中心、丰富社会生活经验、提升社交技能的渠道；是幼儿习得合作、分享、轮流、帮助等亲社会行为的渠道。良好的同伴关系是幼儿获得积极的自我认知，顺利地适应群体社会生活的保证。因为独生子女政策的推行，在我国很多幼儿失去了与天然的同伴（兄弟姐妹）共同在家庭生活中成长的机会，失去了反观自己社会行为的“镜子”，由此也大大缺少了可以通过同伴交往获得的有助于他们社会性发展的“营养”。这种情况在客观上使得幼儿园成为幼儿与同伴进行互动，发展同伴关系的最为重要的场所。在幼儿园中教会幼儿与同伴友好相处的规则与方式，帮助幼儿建立良好的同伴关系，是教师和家长必须担当的一项重要的教育任务。

不同年龄段的幼儿在与同伴互动过程中应有的社会行为，成人在幼儿与同伴互动过程应该给予的指导是哪些？《指南》用了大量篇幅进行详细说明。具体情况如表二所示：

表二　能与同伴友好相处

3—4 岁	4—5 岁	5—6 岁
1. 想加入同伴的游戏时，能友好地提出请求。 2. 在成人指导下，不争抢、不独霸玩具。 3. 与同伴发生冲突时，能听从成人的劝解。	1. 会运用介绍自己、交换玩具等简单技巧加入同伴游戏。 2. 对大家都喜欢的东西能轮流分享。 3. 与同伴发生冲突时，能在他人帮助下和平解决。 4. 活动时愿意接受同伴的意见和建议。 5. 不欺负弱小。	1. 能想办法吸引同伴和自己一起游戏。 2. 活动时能与同伴分工合作，遇到困难能一起克服。 3. 与同伴发生冲突时能自己协商解决。 4. 知道别人的想法有时和自己不一样，能倾听和接受别人的意见，不能接受时会说明理由。 5. 不欺负别人，也不允许别人欺负自己。

围绕上述目标,《指南》特别提出了“指导幼儿学习交往的基本规则和技能”“引导幼儿换位思考,学习理解别人”“引导幼儿多发现同伴的优点、长处”等指导性建议。为了让家长和教师更容易理解、实践,《指南》又给出了针对具体情境的操作性建议。比如:“当幼儿不知怎样加入同伴游戏,或提出请求不被接受时,建议他拿出玩具邀请大家一起玩;或者扮成某个角色加入同伴的游戏”“当幼儿与同伴发生矛盾或冲突时,指导他尝试用协商、交换、轮流玩、合作等方式解决冲突”“利用相关的图书、故事,结合幼儿的交往经验,和他讨论什么样的行为受大家欢迎,想要得到别人的接纳应该怎样做”“幼儿园应多为幼儿提供需要大家齐心协力才能完成的活动,让幼儿在具体活动中体会合作的重要性,学习分工合作”“幼儿有争抢玩具等不友好行为时,引导他们想想:‘假如你是那个小朋友,你有什么感受?’让幼儿学习理解别人的想法和感受”,等等。

这些从幼儿教育实践中归纳、总结出来的教育建议需要被真正内化,从而融入教师与家长的教育行为,并得到长期坚持和反复实践。

四、实施《指南》过程中的注意事项

基于先前对幼儿园社会教育现状所做的考察,我们发现在对幼儿社会性教育的过程中存在着一些明显的偏差:在教育方法方面,教师多以言语方法为主,说教成分过多;在教育活动组织形式方面,教师多以集体教学为主,对教育活动的预设性过强,忽视生成性,忽视个别化教育;在教育内容的选择方面,社会文化与社会规则的传递比重过多,对于幼儿适宜的社会行为的养成关注不够;教育者多是单向度地对幼儿提出要求,进行干预指导,教育过程中忽视自身的榜样作用,忽视人际环境作为影响幼儿社会发展的潜课程的存在。在学习和实践《指南》的过程中,我们应该努力纠正这些偏差。为此,我们需要特别注意以下几个方面:

其一,关注幼儿在社会学习中的体验,关注幼儿的实际感受,关注人际环境对幼儿的熏陶,避免简单说教。

其二,把握社会教育的渗透性、综合性特点,避免单一的上“社会课”的集体教育方式,将社会教育实践贯穿在幼儿一日生活的各个环节与过程中。

其三,关注个体社会性发展的实践性特征,结合幼儿社会生活的实际情况,指导幼儿的社会学习。

其四,理解幼儿在社会学习中的累积效应,以发展的眼光看待《指南》中的各项目标,以足够的耐心来培养幼儿的社会性。

其五,关注自身的榜样示范作用,将帮助幼儿社会性发展的实践看作是自己与幼儿共同成长的过程,在培养幼儿的同时提升自身的修养,促进自身社会性的进一步发展。

《指南》的制定与颁布是经众多学前教育专家长期、共同研究和实践得出的一项成果。对《指南》的学习与实践是众多幼儿教育工作者在今后相当长的时间里所要面对的具体而艰巨的任务。《指南》中所倡导的社会教育实践是多项任务中难度系数偏大的一项，本文只是选取了其中的几个块面进行了简要的分析与解读，相信每一位关注幼儿社会性发展的幼儿教育工作者都会在研习《指南》的过程中有自己的领悟，并将在具体的实践过程中真正帮助促进幼儿社会性的和谐发展。

第六讲

《指南》科学领域解读

张　俊

一、 科学领域概述

在《指南》中，科学领域包括科学探究和数学认知两个部分，每个部分各提出了 3 条目标，如下图：

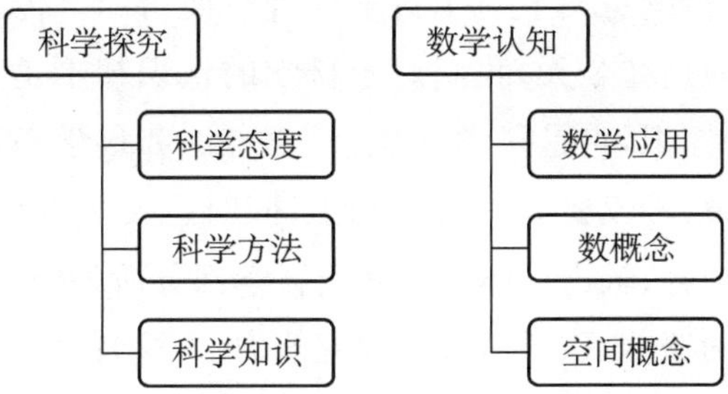

科学领域对于幼儿认识和理解周围事物、发展思维能力非常重要。通过对科学领域的学习，幼儿开始探究和发现周围的科学现象，建构和理解数学概念，同时学会学习的方法，养成良好的学习品质，为小学阶段的学习打下全面的基础。

在《指南》中，科学探究（以下简称“科学”）和数学认知（以下简称“数学”）是作为两个相对独立的部分而存在的。它说明了科学和数学是幼儿学习的两块相对独立的但是又有联系的内容。

一方面，科学是对自然界规律的发现与认识，数学是对抽象的数学概念的理解，这两块内容是相对独立的。科学强调更多的是科学思维，也就是一种实证的思维；而数学强调的是一种抽象逻辑思维，也就是如何从具体的事物中抽象出事物之间的数量关系。

另一方面，二者也有一定的联系。例如：儿童对自然界科学的认识，常常会借助数学的工具和数学的方法。更重要的是，科学和数学对于儿童认知发展来说是非常重要的两个学习领域，它们都是以对孩子理性思维的启蒙作为主要目标的。这就是我们在《指南》中把科学和数学这两个部分放在一起的原因。

二、 科学探究部分的目标解读

(一) 科学探究部分的总体解读

《指南》中科学探究部分共有3条目标：

目标1　科学态度：亲近自然，喜欢探究；

目标2　科学方法：具有初步的探究能力；

目标3　科学知识：在探究中认识周围事物和现象。

总体来说，这三条目标体现了以下两个观点：

1. 科学是科学态度、科学方法、科学知识的统一，即全面的科学观。所谓全面的科学观，是相对于我们传统意义上对于科学的理解而言的。传统上我们常常把科学理解成是一种知识。但是在今天，我们对于科学的认识却不是这样的。更多的人认为，科学不仅仅是一种知识，它是科学知识、科学方法和科学态度这三者的统一。对于幼儿的科学学习来说，不仅要学习科学知识，同时也要掌握科学方法，并培养科学态度。这三者是紧密结合、融为一体的。其实科学部分所列的3条目标，正是分别体现了对孩子科学态度的培养，孩子对科学探究能力(方法)的学习，以及对科学知识的学习。

2. 科学的本质在于探究。我们从这些目标中发现，“探究”是科学部分的目标当中出现频率最多的一个词。在《纲要》的“科学领域”中，也把“探究”作为其中的一个核心词、关键词。从这点可以看出，《指南》在思想上、教育观念上与《纲要》是一脉相承的，它仍然强调是以“探究”为中心的科学教育。那为什么强调以“探究”为中心呢？因为全面的科学观实际上就是以探究为中心的科学观，科学的本质就在于探究。所谓科学态度，就是对周围事物的一种好奇、好问和探究的态度；所谓科学方法，是指科学探究的方法；而科学知识，则是科学探究过程的一种结果。所以我们说科学的本质在于探究。关于探究的内涵，过去我们常常把探究作为科学教学的方法，儿童通过探究来学习科学。而在这里，我们要强调的是，它不仅是一种方法，也是学习的对象，所以探究不仅是科学学习的方法，也是科学学习的内容。换句话说，儿童应该是在探究的过程中学会探究，这也是当代科学教育发展的重要趋势，就是把科学探究本身作为科学学习的内容。在科学部分的目标中专门提出“关于幼儿初步探究能力”这样的目标正体现了这一点。

总体来说，和过去我们对于科学教育的理解不同的是，科学教育不再以“知识”为中心，而是强调以“探究”为中心，让儿童在科学态度、科学方法和科学知识这三个方面都能够获得发展。

(二) 科学探究中分年龄阶段设定目标的依据

科学探究部分提出了各年龄阶段的具体指标。当代关于儿童科学学习的相关研究,如学习进阶(learning progression)的研究、思维发展的研究,是制定分年龄阶段的理论依据。

1. 儿童对科学概念的理解是渐进的、分阶段的,学前阶段是学习进阶的起步阶段。这是我们对于幼儿如何学习科学的基本观点,也是《指南》划分三个年龄阶段目标的依据。在当前对于儿童科学概念的研究当中,有一个大家比较集中关注的热点:儿童学习科学的进阶。因为所有的研究结论显示,儿童对于科学概念的理解,不是一个从无到有的过程,也不是一步到位就能掌握的过程,而是一个渐进的、发展的过程,并且随着儿童年龄的增长,是逐渐的、分阶段的进阶,在研究文献中把它称之为科学的学习进阶。在幼儿阶段,很显然他们已对周围的自然世界有一定的认识和理解,对于科学概念也有一定的理解,虽然这种理解可能是非常初步的、浅显的,但这也是儿童科学学习起步的一个阶段。同时,在学前阶段的这三年里,他们的科学理解也显现出明显的年龄特征,这就为年龄阶段目标的划分提供了充分的依据。

2. 幼儿科学思维发展的年龄特点,是制定分年龄目标的依据。幼儿时期这三年的时间,实际上是儿童思维发展变化非常大的三年。这也就引发我们这样一些思考——儿童的科学思维发展和认知发展不同年龄阶段的特点是什么?如何影响儿童的科学学习?在科学学习当中可以达到什么样的水平?因此,幼儿科学思维发展的过程和年龄特点也是制定分年龄目标的重要依据。

(三) 各年龄阶段幼儿科学探究的特点

下面我们对各个年龄段的幼儿科学探究的特点作一个介绍。基于这样的特点,我们再来具体解读在《指南》当中,三个年龄段的幼儿科学学习的具体目标。

1. 小班幼儿科学探究的特点:感知观察,尝试错误的操作。我们都知道幼儿思维发展的特点是从具体到抽象,在幼儿期的末期,抽象逻辑思维开始萌芽。小班孩子思维的特点是具体形象,换句话说,他只能对亲身经历的事情、眼前所能看到的形象进行思考,他的思维还不能超越自己经历之外的事情,他对周围世界的认知仅限于自己的观察和操作。如果说小班的孩子有什么科学探究的话,那就是运用多种感官来感知、观察周围的世界,并通过自己的操作和摆弄这样一些动作,来发现自己的动作会有一些什么样的结果,当然,这些动作往往没有目的,是一些尝试错误的操作。幼儿能不能从他看到的和经历的事情当中进行一些抽象,发现事物之间背后的联系呢?

答案是不能。所以小班的孩子，还停留在一些眼前的、具体的科学体验。

2. 中班幼儿科学探究的特点：参与探究，开始解释和概括。中班幼儿和小班幼儿相比，最大的不同在于中班的幼儿能够认识当前所看到的事物背后的一些联系。他们可以进行比较，发现相同和不同，也在试图进行一些概括，甚至还能够解释一些事情，但是这些解释只是从事物表象上的联系来解释，往往不能揭示事物之间的一些本质联系，不能达到对事物内在联系的认识。所以中班幼儿还处在思维发展的一个过渡时期。一方面在努力超越现实的具体现象；另一方面又非常依赖于现象。他们还不具备独立地提出问题、解决问题的科学探究的能力，所以《指南》中的提法是“参与探究”。中班的孩子还不能够完全分清问题和答案，不能够完全分清主观想象和客观事实。什么是问题，什么是答案，对于中班的孩子来说还不能完全分清。这就需要老师给他们一个引导，由老师提出问题，由老师带领孩子进行科学的探究，这样他们才能从探究的过程中有所发现，从而找到问题的答案。

3. 大班幼儿科学探究的特点：提出问题，收集信息，做出解释。到了大班，幼儿基本上有能力分清什么是主观的想象，什么是客观的现实；什么是未知的问题，什么是已知的答案。所以大班幼儿比中班幼儿更有可能去进行真正的科学探究，他们能够提出问题，并且围绕这个问题知道收集什么样的信息来回答。对于他们所看到的现象，也知道用收集来的信息解释。总之，大班幼儿真正有一种探究科学的味道，然而对于小班和中班幼儿，严格地说还不能按照科学探究的程序进行探究。

(四) 各年龄阶段幼儿科学探究的具体指标解读

1. 《指南》：目标 1　亲近自然，喜欢探究

3—4 岁	4—5 岁	5—6 岁
1. 喜欢接触大自然，对周围的很多事物和现象感兴趣。 2. 经常问各种问题，或好奇地摆弄物品。	1. 喜欢接触新事物，经常问一些与新事物有关的问题。 2. 常常动手动脑探索物体和材料，并乐在其中。	1. 对自己感兴趣的问题总是刨根问底。 2. 能经常动手动脑寻找问题的答案。 3. 探索中有所发现时感到兴奋和满足。

首先，在目标 1 当中涉及科学态度这个范畴，具体提出了两点：一是亲近自然，二是喜欢探究。科学态度包括很多方面的内涵，比如说：好奇心、求知欲、对自然的积极情感。但对于幼儿来说，最核心的就是喜欢大自然，同时在和大自然亲密接触的过程中能够提出问题，探究自然界中的事物。这三个年龄段的具体指标中很多都是围绕问题提出来的，但是对于不同年龄的幼儿，他们提出什么问题，以及问题对他们科学

探究的意义是不一样的。

小班幼儿，他们的好奇心表现在经常问各种问题或者好奇地摆弄物品，其中3岁左右的幼儿提问题最多。虽然小班幼儿的问题很多，但这些问题未必都是科学的问题，或可以通过科学探究能解答的问题。这些问题一方面反映了幼儿对大自然的关注，另一方面也反映了他们自己的思考，但是这个思考并不代表他们想获得答案。很多家长会很无奈，对于孩子提出的各种问题没法回答。其实，幼儿所提的问题，他自己都有答案，他问这些问题只是想说明他在思考，而不代表他真正想知道这个问题的答案。这个年龄段的幼儿还分不清已知和未知，但是我们要鼓励孩子问各种各样的问题，甚至可以和孩子讨论这些问题，从而了解孩子自己的想法，这样可以对孩子的好奇心有一个正面的激励作用。因此可以说，提各种问题是儿童喜欢探究的表现。幼儿好奇心的另外一种表现就是喜欢摆弄物体，可能在我们大人看来很无趣的一些东西，却是孩子喜欢摆弄的对象。这主要源于孩子的生活经验还很少，很多我们大人习以为常的事物，在幼儿看来都是新奇的。看似孩子只是在无目的地摆弄，其实很可能就是他科学探究的开始，因为在这样的过程中孩子会产生自己的疑问和想法，进而通过尝试，获得对事物的认识。所以对于小班幼儿来说，提问题、摆弄物体就是科学探究的过程，家长应该给予鼓励。

中班幼儿提的问题就和小班的不一样，他们的问题不如小班幼儿那么多，但是问题的指向性更明确，所以《指南》中指出，他们“喜欢接触新事物，经常问一些与新事物有关的问题”。也就是说，只有真正让中班幼儿感到不解或吸引他的事物或现象，他才会提出问题来。另外，中班幼儿“常常动手动脑探索物体和材料，并乐在其中”。在这里需要注意的是，对于中班幼儿和小班幼儿，我们用的词是不一样的，小班是“摆弄物体”，中班是“探索物体和材料”。这个“摆弄”和“探索”的区别是：摆弄是没有目的的，玩一玩可能就放在一边了；而中班幼儿不再是随便地摆弄物体了，他是较有目的性地对这个物体和材料进行探索。这就是中班幼儿科学态度的具体表现。

大班幼儿的问题意识更加明确，并且问题开始具有真正的、直接的指导意义，进而来指导他对于事物探究的过程。对于大班幼儿来讲，他们这种探究科学的表现，一是“对自己感兴趣的问题总是刨根问底”，他有真正明确的意识，没有得到满意的答案会不停地问下去；二是“能经常动手动脑寻找问题的答案”，所以大班的孩子能够明确这个问题的答案是什么，他的操作过程和探索过程也是明确地指向问题的答案；三是“在探索中有所发现时感到兴奋和满足”，这是大班幼儿对于科学态度的具体表现，这种兴奋和满足，也是支撑幼儿继续进行科学研究的助推器。同时，在这种情感体验过程中，幼儿科学探究的自信心也会随之增强。这时我们就能看出，大班幼儿对于探究更加明确，指向性也更加清楚。

总之，从目标1中我们可以看出儿童这样一个发展过程：他们的问题意识越来越明确，探究的指向性越来越明确。

2.《指南》：目标2　具有初步的探究能力

3—4岁	4—5岁	5—6岁
1. 对感兴趣的事物能仔细观察，发现其明显特征。 2. 能用多种感官或动作去探索物体，关注动作所产生的结果。	1. 能对事物或现象进行观察比较，发现其相同与不同。 2. 能根据观察结果提出问题，并大胆猜测答案。 3. 能通过简单的调查收集信息。 4. 能用图画或其他符号进行记录。	1. 能通过观察、比较与分析，发现并描述不同种类物体的特征或某个事物前后的变化。 2. 能用一定的方法验证自己的猜测。 3. 在成人的帮助下能制订简单的调查计划并执行。 4. 能用数字、图画、图表或其他符号记录。 5. 探究中能与他人合作与交流。

在小班、中班和大班这三个年龄段中，《指南》对于幼儿科学探究能力的具体表现是如何表述的呢？

小班幼儿通过感知观察和尝试错误来进行科学探究，因此对于小班幼儿我们提出两条：第一，“对感兴趣的事物能仔细观察，发现其明显特征”。实际上在整个幼儿时期，观察能力是科学探究中的一个重要能力。过去的常识教学中也非常强调观察能力，但我们今天提出的观察和过去所说的意义又有所不同。过去我们把观察能力看成是智力的一种成分，是培养孩子智力的一个方面。但是今天从科学探究角度来看，观察是帮助儿童能够区分主观和客观的非常重要的途径。也就是说在科学探究过程当中，让孩子明白哪些是你看到的，哪些是你想的，能够区分所看到的和心里所想的，即区分主观和客观，这对于幼儿科学探索来说是一个非常重要的方面。对小班幼儿来说，他的认知发展还达不到区分主观和客观，但是我们可以通过培养他的观察能力，学会观察，让他逐步清楚什么叫“我所看到的”。因此，观察能力的培养对小班幼儿来说就显得尤其重要，它不仅仅是指向一种知识，即发现事物的特征，更重要的是指向一种科学的态度，即尊重事实，分清主观和客观。第二，“能用多种感官或动作去探索物体”。小班的孩子更多的是用感知观察和尝试错误的动作去探究物体，并且关注动作所产生的结果，因为小班幼儿的认识仅限于他自己动作的结果，他能够把“我怎么做”和“我的动作造成什么结果”联系起来就可以了，这是这个年龄段孩子特有的一种学习方法。

《指南》中对于中班幼儿，我们仍然提到观察的能力，但是和小班不一样的是我们要求中班的幼儿“对事物或现象进行观察比较，发现其相同与不同”。也就是说中班幼儿能够发现事物之间的相同点和不同点，即事物背后的东西，能够把不同的事物联系起来，或者把相同的事物概括起来认识，这是中班幼儿能做到的，而小班幼儿是做不到的。比如说：给每个小朋友一个不同的苹果，让他们去观察，但是小班幼儿只关注自己的苹果是什么样的，不会把自己的和别人的比一比有什么不同，他们还不具备这种能力。而中班幼儿在观察的时候就会关注到事物之间的联系，是相同还是不同。

对于中班幼儿，《指南》中还提出“能根据观察结果提出问题，并大胆猜测答案”。这里我们可以看到中班幼儿的科学探究开始关注“问题”，对于一个未知的事情能够提出问题，把这个问题作为科学探究的一个起点。但是对于中班幼儿提出的问题，并不要求他们能够找到解决问题的方法，中班幼儿的探究还是在成人引导下进行的。所以我们鼓励他们大胆猜测答案，但是不要求中班幼儿能够用一定的方法去验证自己的猜测。对照来看，对大班幼儿则有这样的要求：“能用一定的方法验证自己的猜测。”但是中班没有这样的要求，因为中班幼儿还不知道怎样去针对一个问题找到回答问题的方法。

中班的第三条要求是“能通过简单的调查收集信息”。这个简单的调查也是在老师的引导之下开展起来的，比如：磁铁可以吸什么呢？我们怎样才能知道呢？老师就可以引导大家去试一试。

第四条，“能用图画或其他符号进行记录”。比如：哪些东西是可以被磁铁吸起来的呢？我们把它记录下来，孩子可以用画图画的方法，把磁铁能够吸的东西画下来。那么为什么要强调让他画下来，也就是要强调记录呢？这是因为记录本身就是科学探究的 个非常重要的能力。儿童的观察也好，实验也罢，所获得的事实只有通过记录呈现出来，才能和别人开展交流。

对于大班幼儿科学探究能力的表现，《指南》中首先是“通过观察、比较与分析，发现并描述不同种类物体的特征或某个事物前后的变化”。也就是说，儿童的这种观察，更多的是指向对一类事物的认识，或者对一个科学现象前后变化联系的一种认识。如大班幼儿去观察各种各样的瓜(冬瓜、西瓜、南瓜、黄瓜等)，他在观察的过程中就会发现，虽然这些瓜长得不一样，但是它们有共同的地方，都有皮、肉和种子，甚至都有蒂，等等。这些其实是为孩子认识植物的果实概念积累了非常重要的经验。我们让大班幼儿去观察、比较、分析，更多的是让他们去发现和描述一类物体的特征，为他形成科学概念提供具体的经验。所以大班幼儿的观察更多的是指向一类物体的概念的认识。此外，还有的是指向事物的变化，如原来是什么样的，现在是什么样的。通过前后的比较和分析，孩子就会发现科学现象。

其次是“能用一定的方法验证自己的猜测”。和中班不一样的是，大班不仅让孩子提出问题，猜测答案，还要让孩子知道如何去验证自己的猜测或者如何去回答问题，要收集什么样的信息才能回答问题。比如说：秋天到了，树叶会有什么样的变化呢？小朋友们可能会有各种各样的猜测：秋天到了，树叶可能会落下来。那么是不是所有的树叶都会落下来呢？孩子们没有观察过，他可能感觉树叶都会落下来。还有的小朋友会说树叶会变黄。那么是不是所有的树叶都会变黄呢？他们这些猜测在没有观察之前，实际上都不是答案。对于大班幼儿来说，他们要认识到，猜测只是主观的猜想，还需要收集信息来验证自己的猜测。

第三，“在成人的帮助下能制订简单的调查计划并执行”。正如前面所说，我们如何能知道自己的猜测对不对，我们就可以制订一个简单的调查计划，比如说我们观察什么，什么时候观察，怎样持续地观察等等，并且把这个计划付诸实施。当然大班的孩子要完全做到独立探究也是很难的，所以要在成人的帮助之下才能完成。重点是大班的孩子能够明白我们要制订一个调查计划，这个计划是为了回答我们提出的问题。

第四是“能用数字、图画、图表或其他符号记录”。从记录的要求来说，我们要求大班幼儿记录的方法要更加的多样和复杂，甚至更加抽象。比如说，能够用数字、图画和图表等。图表就是对信息整理之后的呈现，而不是呈现零散的信息。正因为信息是在整理后，有条理地呈现出来的，所以这对于大班幼儿来说显然更加合适一些。

第五是“能与他人合作与交流”。对于小、中班幼儿我们并没有提出这样的要求，是因为幼儿还处在以自我为中心的状态，所以他们还很难站在别人的立场上去思考，很难将自己的观点和别人进行交流，在做事情的时候也很难有分工合作。但是对于大班幼儿来说，则可以提出这样的初步要求。

3. 《指南》：目标 3　在探究中认识周围事物和现象

3—4 岁	4—5 岁	5—6 岁
1. 认识常见的动植物，能注意并发现周围的动植物是多种多样的。 2. 能感知和发现物体和材料的软硬、光滑和粗糙等特性。 3. 能感知和体验天气对自己生活和活动的影响。 4. 初步了解和体会动植物和人们生活的关系。	1. 能感知和发现动植物的生长变化及其基本条件。 2. 能感知和发现常见材料的溶解、传热等性质或用途。 3. 能感知和发现简单物理现象，如物体形态或位置变化等。 4. 能感知和发现不同季节的特点，体验季节对动植物和人的影响。 5. 初步感知常用科技产品与自己生活的关系，知道科技产品有利也有弊。	1. 能察觉到动植物的外形特征、习性与生存环境的适应关系。 2. 能发现常见物体的结构与功能之间的关系。 3. 能探索并发现常见的物理现象产生的条件或影响因素，如影子、沉浮等。 4. 感知并了解季节变化的周期性，知道变化的顺序。 5. 初步了解人们的生活与自然环境的密切关系，知道尊重和珍惜生命，保护环境。

在这一目标中，虽然没有提出“科学知识”这四个字，但实际上以上这些就是科学知识。之所以没有在目标中明确提出科学知识，也许是想传递出这样一条信息：对幼儿来说，并没有什么知识是他一定要知道的，这些知识一定是和他的探究活动联系在一起的知识，而不是脱离孩子的探究，由成人灌输给他的知识。再者我们强调的是孩子的科学知识一定是与他周围的事物和现象有关的知识，而不是脱离他的生活经验，强加给他的科学知识。

这三个年龄段的目标关于科学知识的具体要求和表述从总体上来讲，呈现出由近及远、由表及里，从事物的表面现象到事物的内在联系的认识过程。

对于小班幼儿，《指南》中提出的第一条和第二条目标是针对能感知到的、表面的东西，而第三、四条目标是基于孩子的日常生活经验的，如下雨天出门不方便，每天吃的都是来自动植物，等等。

对于中班幼儿来说，则提出不仅仅是认识周围的动植物，还要能够通过观察发现动植物发生的变化，以及这些动植物是如何长大的，这些都是可以通过他的经验直接获得的知识。再比如说他能够发现材料的性质、溶解和传热等一些简单的物理现象和未知的变化。对于中班幼儿还要能感知和发现不同季节的特点，体验季节对动植物和人的影响以及科技产品对生活的影响。这些相对于小班幼儿来说，范围就更广，同时也更为抽象了。

对大班幼儿，则要求认识更加抽象的关系。比如说，动植物外形、习性与环境的关系，物体的结构和功能之间的相互的关系，这些都是比较抽象的事物之间的联系。再如一些物理现象，不仅要感知和发现这些现象，还要能探索现象产生的条件或者原因。比如，影子是怎么形成的？什么东西能沉？什么东西能浮？这些不仅仅是需要感知现象本身，而且需要探索现象背后的原因。此外还有对季节变化的周期性和人与环境的关系这些相对来说比较抽象的关系的认识。不过，虽然《指南》中对于大班幼儿提的要求相对较高，但还是基于儿童的直接经验，强调在他们熟悉的事物的基础之上来获得这些认识。

《指南》目标中所提到的科学知识，其实只是一些举例。在具体的教学中，我们要结合孩子的生活经验，来进行教育。城市和农村，南方和北方，不同环境孩子的生活经验会有很大的差别，他们对科学的认识，对周围环境的认识也会有很大的不同。

三、 数学认知部分的目标解读

(一) 数学认知部分的总体解读

数学认知部分，《指南》中提出以下三条目标：

目标 1　数学应用:初步感知生活中数学的有用和有趣;

目标 2　数概念:感知和理解数、量及数量关系;

目标 3　空间概念:感知形状与空间关系。

第一条目标是关于数学应用方面的目标,也就是要让幼儿感知数学在我们生活中有作用,养成对数学的积极态度。后面两条目标涉及的是具体的数学概念,分别是:数量的系列,即数概念;空间形状的系列,即空间概念。

总体来说,数学认知部分的目标体现了两个重要观点:

1. 幼儿数学教育既要帮助他们掌握数学概念,更要培养其对数学的态度:喜欢数学,主动地应用数学。也就是说,就是把“学”数学和“用”数学统一起来。我们把孩子的数学兴趣和数学应用作为第一条目标,实际上反映了幼儿数学教育的价值导向,也就是说对于儿童早期数学教育来说,数学的学习更重要的启蒙不是知识的启蒙,而是态度的启蒙,要让幼儿喜欢数学,主动地应用数学。很多人对学业的挫败感都是从数学开始的。我国的研究发现,在幼儿阶段,数学发展的个别差异可以达到 3 岁左右。对于那些发展落后的孩子来说,他们很容易遭受数学上的挫败感,这对于他们进入小学的学习是相当不利的。今天很多人追求超前的教育,在这样形势之下,我们更应该强调:对于幼儿来说,要让他们按照自己的步骤来学习,在用自己的方法解决问题的过程中,体会到数学是有用的,同时也是有趣的。

“学”数学和“用”数学是相辅相成的两个方面。所谓学数学,就是帮助孩子理解抽象的数学概念。但是获得数学概念只是问题的一个方面,这些抽象的数学概念在日常生活中有什么作用?它如何帮助我们去解决生活中所遇到的问题?这一点过去我们不太重视,需要特别强调。

2. 数学教育的内容和要求要考虑发展适宜性,要遵循幼儿的学习路径。如何把握幼儿数学教育的内容,这是当前幼儿园教师比较困惑的问题。究竟孩子要学习哪些数学知识?所需要的关键经验是什么?相关的学习路径又是什么样的?对于这些问题,很多教师并不清楚,从而导致教学中的偏差甚至错误。

《指南》明确提出了“数量”和“空间”这两大系列数学学习的内容,并根据幼儿的数学学习路径,具体规定了每个年龄段孩子需要学习的内容。这样便于教师掌握各个年龄段的关键经验,理解幼儿的数学学习路径。

(二) 各年龄段幼儿数学认知的具体指标解读

1. 《指南》：目标 1 初步感知生活中数学的有用和有趣

3—4 岁	4—5 岁	5—6 岁
1. 感知和发现周围物体的形状是多种多样的，对不同的形状感兴趣。 2. 体验和发现生活中很多地方都用到数。	1. 在指导下，感知和体会有些事物可以用形状来描述。 2. 在指导下，感知和体会有些事物可以用数来描述，对环境中各种数字的含义有进一步探究的兴趣。	1. 能发现事物简单的排列规律，并尝试创造新的排列规律。 2. 能发现生活中许多问题都可以用数学的方法来解决，体验解决问题的乐趣。

目标 1 重点在于“初步感知生活中数学的有用和有趣”。对于小班幼儿，他们能够知道生活中用到数，知道生活中的物体有各种各样的形状就可以了。中班幼儿已经能够理解数的实际意义，所以他们有必要进一步探究生活中所用到的数字的具体含义。对于大班幼儿，则应该知道数学可以用来解决生活中的问题，并能够用数学解决生活当中的问题，体验解决问题的乐趣。对大班幼儿还要求能够发现数学的美，比如说：按照一定规律来排列物体会比较整齐和美观。

2. 《指南》：目标 2 感知和理解数、量及数量关系

3—4 岁	4—5 岁	5—6 岁
1. 能感知和区分物体的大小、多少、高矮、长短等量方面的特点，并能用相应的词表示。 2. 能通过一一对应的方法比较两组物体的多少。 3. 能手口一致地点数 5 个以内的物体，并能说出总数。能按数取物。 4. 能用数词描述事物或动作。如我有 4 本图书。	1. 能感知和区分物体的粗细、厚薄、轻重等量方面的特点，并能用相应的词语描述。 2. 能通过数数比较两组物体的多少。 3. 能通过实际操作理解数与数之间的关系，如 5 比 4 多 1；2 和 3 合在一起是 5。 4. 会用数词描述事物的排列顺序和位置。	1. 初步理解量的相对性。 2. 借助实际情境和操作（如合并或拿取）理解“加”和“减”的实际意义。 3. 能通过实物操作或其他方法进行 10 以内的加减运算。 4. 能用简单的记录表、统计图等表示简单的数量关系。

目标 2 是有关数与量的概念。主要涉及三方面的内容：量的认识与比较，数的认识、比较与运算（数概念），数的表征。

（1）量的认识与比较

这里的量指的是连续量。幼儿认识与比较常见的量，有助于其获得量的差异的具体经验，对其学习数的比较，尤其是理解数量关系的相对性是有帮助的。

具体地说，对小班幼儿的要求是能感知和区分物体大小、多少、高矮等特点，并且能用相应的词来表示。中班则是对更多的量的认识，如，粗细、长短、厚薄、轻重等。在大班之前，幼儿对于量的比较都是基于感知经验的比较。而到了大班，幼儿能够逐步超越直接的、感官的比较，开始借助逻辑关系进行间接的推理。如在按量的差异排序时，能够发现序列中存在的相对性、传递性等逻辑关系。所谓量的相对性就是在排序过程中，能够发现数量关系是可逆的：我比你少，你就比我多。这就是一种相对性。

(2) 数的认识、比较与运算(数概念)

数概念的学习，主要包含数的认识、数量比较、数的运算这三个相互联系的方面。下面先简单介绍幼儿数概念的学习路径。

一是对数的认识，所谓认识就是理解数的意义以及理解数的符号系统，因为数是人类发明的一个符号系统。幼儿从小班开始首先学会唱数，然后会点数并说出总数，接着能够按数取物，理解基数的意义，直到熟练地掌握数的系统。到了大班，他们就能够对于数的顺序有一个比较熟练的掌握，甚至对数的理解能够达到了按群计数的水平，也就是他们获得了数群的概念，他们知道了 8 不再只是 8 个 1 组成，还可以是 2 个 4 组成。这时幼儿对于数的认识达到一个更抽象的水平。

二是数量关系，也就是数量大小的比较和排序。幼儿都是通过笼统的感知比较多和少，但是物体相差不是很明显的时候，感知的比较就不奏效了。而一一对应是帮助幼儿借助逻辑关系进行数量比较的可靠方法。通过对应的方法可以更好地让孩子理解什么叫两组物体一样多或不一样多，谁多谁少，多在哪里，或少在哪里。到了中班以后，幼儿就能用计数的方法来比较多少，因为这时候他们对于数的理解已经逐渐地形成系统，知道数字排列的顺序，并且这个顺序表明了相对的大小，我们把这称之为心理数线。儿童的头脑里已经形成了心理数线，知道在这条线上的数字前面的小，后面的大。当然这不是他们记忆的结果，而是基于对应比较的经验基础之上。他们知道 6 比 5 大，是因为在点数 6 时，前面的每一个数都是和数 5 的时候一样，但是最后又比 5 多出一个，所以 6 就比 5 大。儿童有了这样对应的基础，慢慢就会进行抽象的比较了。儿童数量关系的认识发展到最后的阶段就是能够做到在心理数线上进行抽象的数字比较，甚至进行更加精确的数字比较。

按数量的差异排序实质上也是数量比较，准确地说是多重比较。在小班，幼儿通常是在感知基础上进行排序，所以他们所能排序的数量有限，一般在 5 个以内。随着孩子渐渐长大，他们能够建立在数量比较的基础之上进行排序，逐渐地发现序列中的逻辑关系，比如说传递性、可逆性。这样，幼儿排序可以超越感知的局限，他们能排列的数量也越来越多，达到 6 至 10 个。

三是数的运算，在幼儿园阶段主要指的是加减运算。尽管幼儿园的加减运算教学通常是安排在大班，其实儿童对于加减运算的理解在更早的时候就已经开始。比如说在中班的时候就已经有了理解物体数量的增加或者减少的经验，但是还不能进行抽象的运算，所以要借助于具体的动作，比如：又添上几个，现在是几个呢？他们可以通过合并起来数一数的方法知道一共有几个。当儿童的心理数线发展起来以后，他们就能够在心里面进行一些运算，这就是我们所说的表象水平的运算，比如说 4 加 3，他就会在心里想 4 再往后面数 3 个，就知道是 7 了。这种策略称之为顺接数和倒接数的方法，分别运用于加法和减法。只有当孩子获得数群概念的时候，也就是他们知道一个数可以由两个数合并而成时，才能够用数的分合来做加减，比如，他们知道 4 和 3 合起来就是 7，所以他们知道 4 加 3 等于 7。在幼儿园里，教师教孩子加减时会用数的分合来做，但是很多时候，孩子并不是用教师教给他的分合方法来做。因为他们并没有达到数群概念的水平；没有真正理解数是可以分成两个较小的数，所以他们还是常常用自己的方法来做加减，也就是说用数数的方法来做。所以，数的运算与他们的数概念发展的水平以及数的认识的发展水平是密切相关的，并不是教师教给孩子用组合做加减，他们就会用。由此可见，数概念的三个方面是同步发展，同时又相互影响的关系。

在介绍了数概念的学习路径之后，我们来分析《指南》中有关数概念的学习内容和要求。

小班的重点是理解数的实际意义，所以第三点提出要"能手口一致地点数 5 个以内的物体，并能说出总数。能按数取物"。虽然有些孩子数数可以数到很多，但是这里的要求不仅仅是口头数数，还要求孩子能够说出总数，并且能够按数取物。幼儿能够做到按数取物并不是容易的事，因为他们要理解数的实际意义，才能做到按数取物。所以《指南》规定小班幼儿只需要做到理解 5 以内数的实际意义，是因为理解数的实际意义比能数到多少更重要。在数量的比较方面，小班强调能够通过一一对应的方法来比较两组物体的多少。有些家长并不关注用一一对应的方法进行数量比较，而是让孩子简单地记住前面的小后面的大，这是不行的。一一对应是幼儿理解数量关系的重要基础。如果只是让他们记住前面的小，后面的大(很多家长都是这么教孩子的)，但孩子不理解为什么后面的数就大，对于其中的数量关系仍缺乏理解。所以数量比较的经验基础，也就是在动作水平上的经验基础——一一对应非常重要。对于小班幼儿来说，我们给他们实际的物体来进行一一对应的操作，可以帮助他们真正理解什么叫做多和少，或是一样多。

中班数概念学习的重点是在理解数序的基础上，感知数与数之间的关系。在比较数量时，中班的要求是“能通过数数比较两组物体的多少”，这是在一一对应的基础上的提升。因为中班幼儿应该能够知道在数的顺序当中，每个数都能包含前一个数，他们已经不再需要把6个东西和7个东西放在一起比了，而是通过数数，知道7个比6个多。数数可以帮助孩子发展心理数线，逐步地在头脑中建立起数字的顺序，以及数与数之间的大小关系。除了进行数量大小的比较外，中班幼儿还可以通过实际操作，理解数量的合并关系，如2个和3个合起来就是5个。这和大班学习数的组成的要求是不同的。大班是认识抽象的数的组成，而中班是通过实际操作理解其中的数量关系。这种经验对于他们到大班学习数的加减和组成是一个非常重要的基础。

大班数概念的学习，主要是对数的加减的初步理解。《指南》中有两条要求都是关于加减的内容，尤其是强调：在幼儿阶段加减运算的教学，应该重视的是孩子对加减实际意义的理解，而不是他们会算到多少，会算得多快。而对于幼儿加减运算的能力，则更应考虑到幼儿发展的个别差异，不做硬性的要求。《指南》提出，要让孩子通过实物操作或者其他方法进行10以内的加减运算。从中也可以看出，幼儿究竟用什么样的方法来做加减并不重要，哪怕是他在实物的操作上扳手指做，也是可以接受的，当然也要挑战他们怎样用更高的水平来解决这个问题。既然孩子扳手指，说明他还处在这样一个发展的水平上，我们应该承认孩子现有的水平，允许他在自己的水平上去解决问题。所以重要的是要让孩子用自己的方法来解决问题，而不是要让他死记硬背，比如一定要让他记住怎么用组成来做加减，这对孩子来讲没有任何意义。只有建立在孩子自己方法的基础之上，他解决问题的过程才是有意义的。

(3) 数的表征

表征是一种重要的数学能力。用数字来表述事物以及用图表来表示简单的数量关系，这些都是关于数的表征的内容。比如说，妈妈给你两块糖，又给你两块糖，那一共有几块糖呢？如果讲到这个问题，很多小朋友很快就会想到2＋2＝4，过去我们强调的是用算式来表达数量关系，但是除了用算式之外，我们还可以用什么样的方式来表示一件事情呢？可不可以画一幅图呢？或者用其他的符号来表示这件事情呢？实际上这些都是孩子表征能力的体现。而数学教育应该发展幼儿的表征能力。

在小班，要求幼儿知道可以用数词（不是数字）表示数量；中班则是能用数词描述事物的顺序和位置，即序数意义；大班开始强调要用自己的方法表示一定的数量关系。

3. 《指南》：目标 3 感知形状与空间关系（以下简称“空间概念”）

3—4 岁	4—5 岁	5—6 岁
1. 能注意物体较明显的形状特征，并能用自己的语言描述。 2. 能感知物体基本的空间位置与方位，理解上下、前后、里外等方位词。	1. 能感知物体的形体结构特征，画出或拼搭出该物体的造型。 2. 能感知和发现常见几何图形的基本特征，并能进行分类。 3. 能使用上下、前后、里外、中间、旁边等方位词描述物体的位置和运动方向。	1. 能用常见的几何形体有创意地拼搭和画出物体的造型。 2. 能按语言指示或根据简单的示意图正确取放物品。 3. 能辨别自己的左右。

目标 3 是有关几何形状和空间的概念。主要涉及以下方面的内容：形状的认识、空间组合和空间表征、空间方位。

(1) 形状的认识

幼儿对于图形的认识基本上遵循这样一个路径：小班时是对图形的整体、笼统的感知，并没有感知到图形的特征是什么；进入到中班，孩子就已经能够感知图形的边角特征，他们开始关注这个图形有什么样的边围和角，或者边具有什么特征，角具有什么特征。到了大班，孩子就能够联系整体和部分，他们会把这些特征整合为一个系统。

《指南》有关幼儿对于几何图形的认识，小班强调“能注意物体较明显的形状特征，并能用自己的语言描述”。这时我们并没有让孩子一定要认识几何图形的概念，只是注意物体较明显的形状特征。所以对小班幼儿不需要强调图形的名称；告诉他们这叫什么形，为什么叫这个形等是不符合小班幼儿年龄特点的。我们只需要让他们关注到具体物体的形状特征，并能用自己的语言来讲就可以了。

对于中班幼儿，则要求“能感知和发现常见几何图形的基本特征，并能进行分类”。如认识梯形，就可以把它和长方形进行比较，通过分类，知道梯形是什么样的，和长方形有什么不一样。需要注意的是，我们仍然不要求中班幼儿对图形下定义，而是基于他们对梯形的观察，形成对梯形特征的认识。

对于大班幼儿来说，实际上对图形的认识已经达到系统的整体认识。比如，图形和图形之间的关系，他们能够用图形组成新的图形，《指南》中提出“能用常见的几何形体有创意地拼搭和画出物体的造型”，也就说明这个年龄段的孩子开始关注图形和图形之间的关系了。

(2) 空间组合和空间表征

关于空间组合和空间表征，这是过去数学教育内容中相对薄弱和空白的内容。

《指南》中针对这些内容提出了一些具体要求。比如，对中班幼儿要求“能感知物体的形体结构特征，画出或拼搭出该物体的造型”，这实际上就是和空间组合、空间表征相关的内容。他们能够知道一个复杂的物体是由哪些简单的图形组合而成的。如一个机器人是由一个圆形和几个长方形组成的，儿童能够按照这个特征拼搭或者画出一个机器人，这反映出儿童对于空间组合关系的认识：他们能够知道图形和图形之间的组合，形成一个新的图形。同时，他也能够通过拼搭或者画来再现或表征一个物体形体结构特征，这是一种空间表征能力。在大班，类似的内容是“能用常见的几何形体有创意地拼搭和画出物体的造型”。这里更加强调的是用常见的几何形体来拼搭及画出造型，这也反映了幼儿对于图形与图形之间关系的认识。大班还有一个内容就是能按语言指示或根据简单的示意图正确取放物品，这也是关于空间方位的表征的内容，比如，孩子能够通过看教室里的藏宝图找到宝贝所在的地方，实际上这个藏宝图是一个平面的图画，孩子能够通过平面的图画和一个实际的三维空间建立起对应关系，就是具有表征能力的体现。

(3) 空间方位

关于“空间方位”的内容和传统数学教育内容相差不大。《指南》对小班幼儿提出“能感知物体基本的空间位置与方位，理解上下、前后、里外”；对于中班，除了这些以外，还有“中间、旁边”这样一些方位；大班则是“能辨别自己的左右”。

第七讲

《指南》艺术领域解读

孔起英　许卓娅

一、 整体把握《指南》艺术领域的基本精神和主要内容/孔起英

（一）《指南》艺术领域制定的依据

1. 从本体论角度看，艺术活动是儿童精神生命活动的表现。这种精神生命活动的表现是相对于儿童的物质生命活动而言的。物质生命活动是指向幼儿的吃、喝、拉、撒，精神生命活动更多地指向文化的学习。艺术是文化的一种，儿童在这样一种过程中所表现出来的是成长性需求的满足。物质生命活动在马斯洛的理论中，称为"缺失性需要"，而精神性的需要我们称之为"成长性需要"，是精神生命的组成部分。

2. 从认识论角度看，艺术是幼儿感性地把握世界的一种方式，这是相对于成人理性地把握世界的方式而言的。什么是理性的方式？理性的方式一般是逻辑性的，比如分析、综合、比较、抽象、概括、系统化等。而艺术是感性地把握世界的一种方式，所以儿童艺术活动中比较多地表现出的是想象的、直觉的内容。因此，我们在说到儿童的学习时，通常把儿童的这种用艺术的方式来表达对世界的认识称之为"儿童的另一种语言"，区别于我们日常的、用口头表达的这样一种认识方式的语言。

3. 艺术具有促进幼儿向善与益智等价值。在美术领域中，我们常在幼儿园开展一些合作画画的活动，比如一个小组的幼儿一起画画，就会涉及儿童社会性发展的问题：如何与别人合作。这就是向善价值的体现。而益智方面，艺术活动中的感知，促进了幼儿感知能力的发展；想象促进了幼儿想象力的发展……这样一些属于认知领域的内容仍然在艺术活动中具有同等的价值存在，只是相对来说是一种延伸出来的、手段性的价值。

（二）《指南》艺术领域目标及关键词解读

基于艺术对幼儿发展具有的重要价值，我们制定了《指南》中艺术的两个子领域：感受与欣赏、表现与创造。之所以把这样两组词并列，是因为二者有这样一种关系：欣赏是更深化的感受，创造是更高级的表现。

总体来看，艺术领域有这样几个目标：

感受与欣赏

- 目标1　喜欢自然界与生活中美的事物
- 目标2　喜欢欣赏多种多样的艺术形式和作品

表现与创造

- 目标1　喜欢进行艺术活动并大胆表现
- 目标2　具有初步的艺术表现与创造能力

艺术领域中的这些目标具有哪些意义和价值？第一，在整个《指南》中，目标本身就是一个具有导向性的内容。第二，目标是《指南》各领域中核心价值和理念的体现。第三，目标是针对我们现实中的一些误区而提出来的，有很强的现实针对性。所以，对《指南》目标的理解至关重要。艺术领域的目标，含有一些高频词，这些高频词就反映了《指南》的一些核心价值，所以也是关键词。把握住这些关键词就能很好地理解《指南》艺术领域的内容，并能在日常的教育教学中运用《指南》开展活动。

艺术领域的关键词有"艺术兴趣""艺术感受""艺术表现"。

艺术兴趣　艺术兴趣是指儿童积极的艺术学习与参与态度。《指南》整体上强调儿童的艺术兴趣养成。因为它是开展艺术活动的内在动力，是艺术感受能力与表现能力的前提保证，而艺术感受能力与艺术表现与创造能力的提高又进一步加强了儿童对艺术的兴趣，从而为儿童发展奠定基础。

在《指南》艺术领域的4条目标中，有3条目标都提到一个词——喜欢。"喜欢"，我们用一个术语来说，就是艺术兴趣。艺术兴趣是儿童对艺术学习的积极参与态度。在《指南》的各个领域中都渗透着一种理念——学习品质。在艺术领域中我们所说的学习品质就是儿童对艺术的一种积极的、参与的态度。我们强调这一点，也正是体现了《指南》的一个基本的理念——终身发展、可持续发展。这个理念也是《纲要》所强调的理念。

艺术感受　儿童的艺术感受是指儿童被周围环境或生活中美的事物或艺术作品所吸引，从感知出发，以想象为主要方式，以情感的激发为主要特征的一种艺术能力。

"艺术感受"这个关键词，有一些核心概念要理解：第一，儿童的艺术感受和成人的艺术感受是有差别的，是"被周围环境或生活中美的事物或艺术作品所吸引"。"被吸引"说明了其与成人的不同。成人会有一些主动的行为，比如去看画展，听音乐会，是成人主动选择的。但是儿童和成人不一样，他们比较多的是"被吸引"。这就要求我们在日常的教育教学活动中，要为儿童创设一种让他们能够受到吸引的环境，我们把它叫做"审美环境"，让美包围儿童。让儿童处于美的环境的包围之中，这也体现出艺术学习的一种方式，即熏陶、耳濡目染、潜移默化；美感的养成是通过这样一种方式来获得的，这种方式也契合了儿童的特点。

第二，“从感知出发”提出了在儿童艺术感受的过程中，具有心理活动参与的特点，这就是感知参与。这里的感知，针对不同的艺术活动，可能有不同的特点：在美术中，主要的感知通道是视觉的；在音乐中，主要的感知通道是听觉的。但是就儿童而言，可能不仅仅在于视觉和听觉，他们还有更丰富的感知通道，比如，儿童会有手舞足蹈这样一种动作的方式，也可能有语言的方式或一种姿态的方式，姿态就是一种触摸觉和机体觉，这都属于感知的通道。所以我们说，感知的参与，在孩子那里可能更多的是多种感官参与的方式。

艺术感受中的第三个核心概念是“想象”。想象在儿童身上表现出来有两种方式：一种是幻想，即是以前没有过，现在想出来的，其实这种幻想，更多属于创造性想象。还有一种方式是联想，是在已有经验的基础上，由一样事物想到另一样事物。儿童艺术想象的方式可能是联想的方式，也可能是幻想的方式。

最后在艺术感受中还有一个核心概念——情感。儿童是否在进行艺术感受，可以通过他的一些表现来帮助我们去判断，即孩子的学习状态，这种学习状态就是儿童是否被吸引，是否有感知参与，是否有想象参与，是否有情感被激发出来。从另外一个角度来说，我们的教育教学活动应真正让儿童的这样一些心理过程参与进去，并且得到发展。这就是我们正确理解审美艺术感受的一个方面。

艺术表现 儿童的艺术表现与创造，是指儿童在头脑中形成审美心理意象，利用艺术的形式语言、艺术的工具和材料将它们重新组合，创作出对其个人来说是新颖独特的艺术作品的能力。

“艺术表现”是第二个子领域的关键词。在艺术表现中，首先要强调的一点是“儿童在头脑中形成审美心理意向”，这一点是儿童创作出来的可视的或者可听的艺术形象（亦可称之为作品）的前提、出发点和基础。也就是说，如果我们的艺术教育教学活动不能让儿童真正在心里面有一种审美意象的形成，那么这种教育可能只是一种灌输型的，由外而内的；而真正的艺术表现应该是由内而外的过程。

艺术表现是由内而外的，必然有一个心理的参与，也就是我们说的手、眼、脑的共同参与。不同的艺术活动涉及的方面不一样，比如，绘画有手的动作参与，音乐更多的有嗓音的参与，舞蹈更多的有肢体动作的参与，这就是我们说的不同领域有不同的感官和部位的参与。但是它们还有共同的一点：不管是美术还是音乐、舞蹈，必须有脑的参与。所以我们强调“在头脑中形成审美心理意象”。

其次是需要注意艺术形式语言的运用。当然，儿童在这个年龄阶段，对艺术语言还不能像成人那样熟练使用，所以我们不能用成人那样的标准去要求儿童，而是强调让儿童以自己的方式去创作。比如，在绘画活动中，有些老师或家长会要求儿童把前面的物体画大一点，后面的物体画小一点，所谓近大远小。这实际上是成人艺术语言的要求。儿童艺术语言的表达一定是受其本身能力和水平限制的。幼儿的年龄特点还处于以自我为中心的阶段时，近大远小这种客观的视网膜成像要求，很显然超越了幼儿年龄发展的水平。所以，我们经常会看到孩子们在绘画时画"透明画"或者"展开式"，这实际上就表明孩子的认知发展还没有达到能够去进行焦点透视这样一种水平，所以孩子不可能画出近大远小的画，除非是被成人强制要求去画，而这样的画，孩子是没有真正理解的，那样的画画我们也不能称为艺术的表现。

再次，是对于工具材料的探索。这也是在艺术领域活动中，无论是老师还是家长都应该关注的一个方面。因为在探索的过程中，能够体现出儿童丰富的心理活动、儿童解决问题能力的发展以及一些理性思维的存在。

(三) 面对《指南》中的艺术领域，教师该怎么做

1. 正确理解《指南》中各目标与典型表现的内涵。上面介绍了《指南》中的目标层面，而不同年龄班级孩子的典型表现则更为丰富。这是针对不同年龄班级的老师的，比如，小班老师就要仔细阅读小班孩子发展的典型表现。当然，小班老师也不能只看小班的内容，因为我们要看到儿童的可持续发展。同样，大班老师也要看小班孩子的典型表现，因为这样才能了解孩子发展的全过程。《指南》中强调儿童发展的规律和儿童发展的特点，任何一个规律和特点都不是凭空出现的，一定有一个基础，是一步步地发展过来，由量变到质变。所以，一定要全面理解《指南》中的各个目标及其典型表现的内涵。

2. 在理解了《指南》中儿童的典型表现后，我们要用它去观察情境中儿童学习与发展的问题。老师在面对情境中的儿童的学习时，都应当反问一下自己：这里发生了什么学习？所有的教育教学策略的发出，都应基于儿童的学习，这样才能形成一种支持性的有效的教育。

3. 当了解了儿童在进行什么样的学习以后，作为一名老师，作为一名支持者，老师要思考：下一步我可以做什么？(《指南》中不管是哪一个领域都非常强调对儿童学习的支持。)

4. 最后，我们要反思一下我们的教育是否有效。

案例1

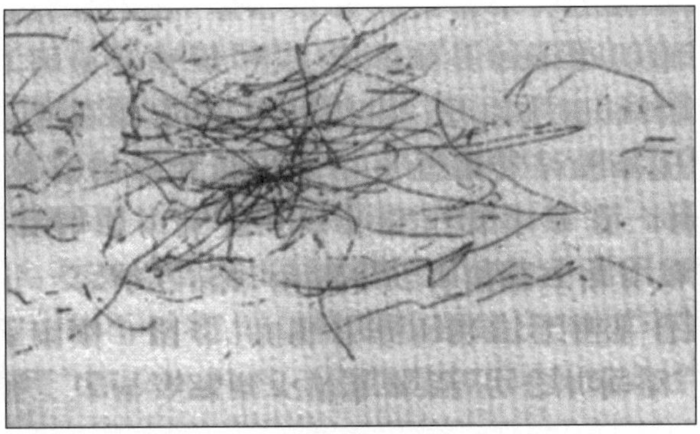

未分化的涂鸦

这是一个11个月大的孩子的作品。当我将这幅画称之为“作品”时，这其中就体现了一种尊重。下面是对这个孩子画这幅画的行为过程的记录：

> 开始时，孩子右手拿笔在纸上左右来回画，一会儿，又把笔拿起来看看笔尖，然后，用右手拿笔在纸上再往下画一道线，同时眼睛紧盯着纸上出现的线条。接着又用笔在纸上戳了几点，并带出些短线。之后，他把笔换到左手，并用左手握笔在纸上不平衡地画了几根线，接着把笔倒过来画，不出现线条很急，就不再画了。

“左右来回画。”这意味着孩子大肌肉动作是有控制的，如果是无控制的，孩子会画到纸外，拉不回来。从绘画的发展来说，动作本身表现出儿童已经开始进入经线涂鸦的阶段(我们把儿童的涂鸦分成四个阶段：1. 未分化的涂鸦；2. 经线涂鸦；3. 圆形涂鸦；4. 命名涂鸦)。“左右来回画”表明幼儿有经线涂鸦的动作出现。但是否就是进入经线涂鸦阶段，我们还需要总体来看发展的情况。

“一会儿，又把笔拿起来看看笔尖，然后，用右手拿笔在纸上再往下画一道线，同时眼睛紧盯着纸上出现的线条。”这是一种探究的行为。这种探究是以什么方式呈现出来的？孩子手一边画，眼睛一边看，这是以手眼协调活动的方式呈现出来的。皮亚杰有过专门的术语——感知运动阶段。我们这里看到的就是处于感知运动阶段的儿童在用动作探究世界的一种行为。在以上解读中，我们除了看到在艺术领域中他出现的经线涂鸦行为之外，还可以看到他以动作的方式呈现出来的探究行为。

“接着又用笔在纸上戳了几点，并带出些短线。”这个行为和前面的左右来回画是否有不同？如果幼儿真正进入经线涂鸦阶段，那么他在这里就不会出现画点，又拖泥带水带出一些短线的情况。所以，我们解读该幼儿还是处于未分化涂鸦的阶段，也就是手部腕关节的发育还不够成熟，所以才表现为画点又带出一些短线，这才是幼儿的实际水平。但是该幼儿已经出现经线涂鸦的萌芽。我们综合解读行为和作品本身，可以看出这个幼儿智慧发育的水平处于一个过渡阶段，正如皮亚杰所说："智慧萌芽产生。"

"之后，他把笔换到左手，并用左手握笔在纸上不平衡地画了几根线，接着把笔倒过来画，不出现线条很急，就不再画了。"可以看出这是典型的动作思维的水平。动作思维的典型表现是有动作就有思维，没动作就没有思维。所以，从幼儿的整个行为可以看出孩子发展的各个方面，除了艺术领域，还可以看出其肌肉动作的发育水平。仔细阅读《指南》的说明，会看到在《指南》的实施原则中提到的第一条就是关注儿童发展的整体性，我们通过这个案例的解读，可以看到这个儿童的行为呈现出了他在2—3个领域的发展。

案例2

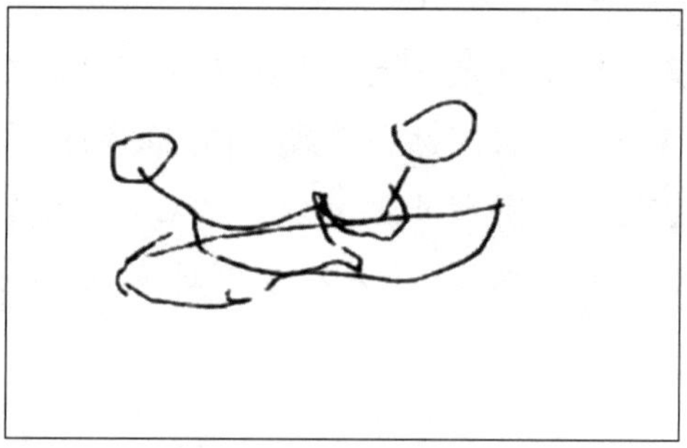

我和洋洋坐摇船

这是一个2岁孩子的作品。在这幅作品中，除了看到孩子在艺术领域的发展以外，我们还可以看到他在社会领域的发展：一是孩子对画的命名，叫"我和洋洋坐摇船"，很显然，洋洋是他的小伙伴，说明他关注到了别人的存在。二是从画面可以看出，幼儿画出了两个人形在上面，这种人形在绘画领域有一个专门的术语——蝌蚪人。这个2岁的孩子以一个圆带几根线条的形象来代表人，面对面坐在船上，而不是其他什么动物。这幅作品中除了解读儿童绘画方面的发展外，也可以解读出他社会性领域的发展。

二、以美术为例，解读儿童“审美感受与欣赏”的特点以及教师的支持性策略/孔起英

案例

蓝印花布1:白底蓝花

蓝印花布2:蓝底白花

蓝印花布基本的艺术特征是白底蓝花或者蓝底白花，并且蓝得不太明亮，有点暗沉。《指南》中艺术子领域的目标1提出，“喜欢自然界和生活中美的事物”，蓝印花布就属于生活中美的事物的一种。下面这个案例就是围绕蓝印花布去开展的。

情境：早晨，大班幼儿欣欣戴一顶蓝印花布做的帽子来上幼儿园，雯雯看见了，走过来。

雯雯：我知道，你戴的帽子是蓝印花布做的。

教师：是的，那蓝印花布还可以做什么？

雯雯：可以做新衣服。

媛媛：好去举行婚礼。

教师：这样漂亮、快乐、欢喜。

洋洋：我想做成蹦蹦床在上面跳。

楚楚：我真想把它做成一艘美丽的船，做好了去航海。

教师：你好好想一想，布能做船吗？布是不可以做船的，会沉掉的。

在这个案例中，孩子是怎样表现的？老师又是什么样的角色？

“我知道你戴的帽子是蓝印花布做的。”这句话我们可以这样解读：第一，雯雯观察到了欣欣戴了一顶蓝印花布的帽子，说明雯雯具有观察的敏锐性。而有的孩子可能看到了当作没看见，没有做出这种表达。教师要做的是要仔细地观察孩子，只有仔细观察，才会知道孩子的这个发展问题。在本案例中可以观察到的就是幼儿观察能力的表现，在这个孩子身上我们可以看到他观察比较敏锐。第二，我们看到了幼儿的表达。表达就是把自己看到的东西说出来，有的孩子也许看到了，但是他没有说，我们就没有办

法了解他的语言发展情况。但这个孩子说出来了，并且表达得非常完整，所以我们可以分析出这个孩子的语言发展情况。有的孩子可能只说一句"蓝印花布"，这是不完整的句子。在幼儿园，老师会要求孩子把话说完整。在雯雯这个孩子身上，我们看到了完整语言的发展水平。第三，这个孩子有"蓝印花布"的经验。我们常说，幼儿园课程和幼儿园教育内容的选择应该基于幼儿的经验。从案例中我们可以看到该幼儿有这样的经验。因此，我们分析一个案例，或者观察幼儿园的一个活动，要关注儿童本身的发展，正如《指南》要求我们的那样，要从整体的角度去解读儿童的行为。所以我们在雯雯身上，第一，看到观察能力的发展；第二，看到语言能力的发展；第三，看到幼儿相关经验的存在。

"是的，那蓝印花布还可以做什么？"从这句话可以看出，教师的教育意识很强。这只是孩子间的一个对话，但是老师跟进一句话，就开启了孩子进一步思考的可能性。并且，老师的这句问话是一个开放性的问题。如果换成"是的，蓝印花布除了做帽子，还可以做新衣服，是不是？"我们可以思考一下，二者之间有什么不同？后面这句话从形式上来说也是一个以问号结尾的问句，但是实际上却是一个暗含了标准答案的非开放性问题。相比之下，开放性的问题能够让孩子更好地去发散思维。发散性思维是创造力的核心成分，艺术对儿童发展的价值之一就是促进儿童创造性的发展。所以，这样一个开放性问题能很好地培养儿童的发散性思维，它是一个好问题。我们在日常教育教学活动中，提倡老师多提开放性问题，少提暗含答案的非开放性问题。我们知道，孩子在幼儿时期有一个年龄的特征——他律。这是皮亚杰在研究儿童的道德认知时提出来的一个概念。他律的特点是：儿童在幼儿时期，还没有能自主评价外界事物的能力，他往往会以他身边权威人物的标准答案为答案去评价，所以我们经常会听到孩子说"我们老师说的""我爸爸说的"，甚至有时候说"我哥哥说的""我姐姐说的"，这就是孩子他律的一个年龄特点。"蓝印花布可以做新衣服，是不是？"这个问句实际上是暗含了"蓝印花布可以做新衣服"的标准答案，这种暗含标准答案的反问句实际上是不利于培养幼儿发散性思维的。

我们再进一步分析老师的提问："蓝印花布还可以做什么？"这个"做什么"指向蓝印花布的实用功能。蓝印花布从美术的角度来看，是属于实用美术的范畴。实用美术具有两个功能：一是实用的，二是审美的。虽然老师的问题指向实用的一面，但是同时，蓝印花布也属于生活中美的事物，它对儿童还有审美价值的存在，所以仅仅从实用角度引导儿童是不够的。生活中很多美的事物，都存在这种两面性。比如，我们穿的衣服唐装，唐装的装饰大多在领口、袖口、门襟，却没有装饰在腋窝等让人看不到的部位。原先，这些装饰并不是为了让别人看到，而是因为衣服的领口、袖口、门襟这些地方容易磨破，所以从实用功能出发来装饰，使这些地方不容易磨破，穿着时间就更长，所以，唐装最初的装饰是指向实用功能的。今天唐装的装饰，比如复杂的盘扣，已经不再是追求它的实用功能(越复杂的盘扣其实越难扣)，而是更多地强调它的装饰功能，美的感受。我们还可以从另外的角度去分析，比如幼儿园里开展的剪窗花活动，也是属于实用美术的。最初是贴在窗户上起遮挡作用，慢慢地人们在窗纸上戳个洞看外面，后来又感觉随意戳的洞不美观，于是人们开始装饰，讲求虚实对比力，疏密有致，剪出花朵和蝴蝶，再演变成“蝶恋花”，有了象征意蕴在里面。于是，它的实用功能在慢慢萎缩。今天，当我们再贴窗花，更着重的是它的审美功能：意蕴之美、形式之美。所以，凡是生活中美的事物，对儿童发展的价值也有两个方面：一是实用的价值，一是审美的价值。实用价值属于科学领域，本案例中老师的这个提问，比较多地指向实用性，而还没有谈到审美。所以审美是老师必须去关注的一个问题。

“可以做新衣服。”“好去准备婚礼。”我们几乎可以判断，说“好去准备婚礼”的幼儿有“场依存”的倾向，但一次表现不能说明他一定是场依存型的。我们一直强调：年龄特征或学习风格，一定是多次或者经常性表现出来的，并且具有稳定的特点。第二个孩子实际上是顺着第一个孩子的思路来说的，这样的一类孩子，我们说他带有场依存倾向。场依存型孩子有一个特点：他需要有人给他一些信息，他根据这些信息进行综合，然后才有自己的答案。比如一节画画课，老师准备了材料，并布置了任务，小朋友可以开始画了。你会注意到孩子有两种表现，一些孩子拿了笔直接开始画，还有一些孩子先要看看别人是怎么画的，甚至有些孩子看完本组的，还要看其他组。这样的孩子就带有一些场依存的倾向。面对这些孩子，老师要做的是给他一点时间，让他综合这些信息，来得出自己的答案。这是孩子学习风格上的差异给我们教育的一个启示。

“这样漂亮、快乐、欢喜。”这是老师针对上面孩子“穿着蓝印花布衣服去参加婚礼”的回答。如果老师这样说：“你穿着蓝印花布做的衣服去参加婚礼会是一种什么样的心情?”这样以疑问结尾的问题与案例中老师以句号结尾的回应有什么不同? 显然，以问号结尾的问题，把进一步去感受的机会留给了孩子。孩子需要想象，需要以想象的方式来表达自己的感受。我们在前面解释审美感受的内容中提到：想象是一个心理过程，所以以问号结尾的问题，是让孩子进一步去想象，去感受。但是案例中老师的回答，则是以自己的感受替代了孩子的感受。这不是我们所提倡的方式。我们说儿童的学习一定是自主的学习，这也是《指南》中强调的基本理念：关注儿童的自主学习。这位老师没有留给孩子自主感知的机会。也许，有的老师会问：“这样的话，是不是老师就不能有自己的感受呢?”我们并不是不允许老师有自己的感受，而是强调老师在什么时机说。前面提到一个词——他律。孩子处在他律阶段时，老师必须先让孩子去感受，然后作为孩子平等的对话者再来说自己的感受。所以，老师要选择恰当的时机来说出自己的感受。同时，我们对老师的回答有这样一个疑问：这种蓝底白花或白底蓝花的蓝印花布真的能给你漂亮、快乐、欢喜的感受吗？大家注意，之所以没有说他是错的，是基于一个理念，即《指南》中的这样一句话：尊重儿童独特的审美感受。当老师说这样“漂亮、快乐、欢喜”的时候，我们不知道他的这种感受是真的还是假的，因为我们没有访谈他。当你没有感受的时候，我们的理念就是：尊重个体的、主观的感受。每个人基于他所处的时代背景，基于他的生活阅历，基于他的个性，乃至他在欣赏这个作品时的一种心境，都可能出现一种和别人不一样的感受。所以对于老师的感受，我们也应持一种尊重的态度，对他来说，可能真的会有“漂亮、快乐、欢喜”的感受。但是，我们要质疑的是，在同样的中国文化传统背景下面，老师的这种感受，是对婚礼上气氛的感受呢，还是对蓝印花布的感受？这就是我们真正需要去思考的，教育是有效还是无效的问题。

“我想做成蹦蹦床，在上面跳。”这是一个孩子的回答。从孩子的回答中我们几乎可以断定他有关于蹦蹦床的经验。当然这种经验可能有不同层次：一种是他真的在蹦蹦床上跳过，这种经验是通过亲身体验得来的；还有一种经验，他只是曾经看到过蹦蹦床，也许是别人在跳，他自己没跳过，这是通过感知得来的经验。所以《指南》中也说到，儿童的学习方式有三种类型：一种是亲身体验，第二种是直接感知，第三种是动手操作。我们不访谈这个孩子，就不知道他的经验是在什么层面上，因为看过别人在蹦蹦床上跳和他自己在蹦蹦床上跳过，这两种经验是有差异的。但至少我们从这里看出他是有蹦蹦床的经验的，所以这是一个通过回忆，通过形象记忆来回答老师的这样一个问题。

“我真想把它做成一艘美丽的船，做好了去航海。”这是另一个孩子的回答。为什么这个孩子不说“我真想把它做成一面旗帜去爬山”？我们可以猜想，这是基于蓝印花布的蓝色调而让孩子联想到了大海。所以，这样一个基于蓝印花布的色彩要素而出现的想象，我们就把它定义为艺术的想象，并且孩子使用的一个词——“我真想”，表明了一种愿望，更让我们能够确定孩子是在进行艺术的想象。所以这个孩子这句话表达的是一种艺术的想象。

“布能做船吗？布是不可以做船的，会沉掉的。”老师的这个回答，是否在支持孩子的艺术想象？老师是在什么层面上回应这个孩子的呢？我们可以看出，他是从实际的技术层面上回答孩子的。所以孩子的问与老师的回答是不相交的，就像你问我“你吃饭了吗？”我回答“我是开车来的”一样。我理解了你的问题吗？没有。没有理解你的问题，我就不能很好地回应你。所以支持性策略的提出，更进一步说，是有效教育的产生，一定是基于对儿童的正确理解。案例中的这位老师没有很好地理解孩子，所以他的这个策略我们基本上可以断定，是不支持儿童进行艺术想象的，是一个非支持性的策略。

我们还可以打个比方。我们知道《西游记》中孙悟空有个本领，拔根猴毛就可以变作同样的小猴子，这是今天克隆技术的早期想象，而且是用艺术的方式表现出来的。这个早期想象今天已经变成了现实。我们回过头来看，即使是在科学技术的层面，今天的布不能做成船，怎么能断定将来也不能做船？老师的这种科学技术观念也是有待于提高的。进一步说，假设我是《西游记》作者吴承恩的老师，我跟案例中的老师一样的观念：吴承恩你想一想，猴子的一根汗毛怎么能变成小猴子呢？汗毛是变不出小猴子的。又假设我们用今天老师和家长评价孩子的标准"听话的乖孩子"去评价衡量，假如吴承恩也是个听话的乖孩子，会出现什么样的结果？也许就不会有《西游记》的问世。如果所有的老师都像这个老师那样，那我们当今社会所强调的创新性人才的培养就是一句空话，所谓的"MADE IN CHINA"可能永远都变不成"中国创造"。所以老师的理念是指导他实践的出发点，理念的正确至关重要。

整个案例中，老师和孩子的互动一共有 3 次。哪次是支持性的？哪次是非支持性的？是否有效？我们发现，老师的第一句话是具有支持性的，并且非常有效，孩子们一直在围绕这个问题进行思考。而第二次、第三次和孩子的互动，都是终结孩子的想象和思考的，所以孩子就不能继续进行自主性学习。所以我们说，当孩子在感受的时候，老师要给予一些支持性的策略，让他去进行感知、想象，将他的情感激发出来。这就是我们说的，关注情境中儿童的艺术的感受，并且提出支持性策略，让孩子得到有效的发展。

三、以音乐为例，解读艺术领域中"表现与创作"的运用/许卓娅

在我们国家幼儿园教育体系当中，音乐、舞蹈作为音乐的内容是放在一起的。本节将以音乐、舞蹈为例，解读儿童学习如何表现与创造的一些基本规律。

(一) 儿童学习的基本规律

1. 早期儿童是以直觉行动思维、形象思维与抽象思维三种方式来进行学习的。越是低年龄的儿童，直觉行动思维所占的比例就越高，随着年龄的增长，形象思维和抽象思维所占的比例会日益增加。但是从总体上来说，在幼儿园阶段，直觉行动思维（动作思维）、形象思维还是会占较大的比例。这三种思维方式的学习在幼儿园阶段并不是相互对立的，而是相辅相成的。

2. 在音乐学习和舞蹈学习过程中，我们往往会把欣赏、感受和表现、创造绝然地分成两个不同的活动，但实际上因为儿童是直觉行动思维的，所以他的欣赏（也就是感受）和表现，经常是以整体的、一体化的状态体现出来的。如果单纯地让儿童用耳

朵听，用眼睛看，他们是会非常难受的。所以儿童往往是一边欣赏，一边感受，同时一边操作，审美欣赏和审美表现在学前阶段往往是更加一体化的。而且在儿童的审美表现过程中，只有同时伴随“欣而赏之”的状态，才会有情感的体验和情感的表达。所以我们说，如果没有审美的感动，艺术活动的表现肯定是有缺陷的。

3. 观察模仿、探究创造和解决问题三种学习也应该是一体化的。现在比较强调探究创造学习与问题解决学习，因此许多人对观察模仿学习的方式提出质疑。但是，当我们强调探究创造学习和问题解决学习的时候摒弃观察模仿学习，就一定会走到另外一种失衡的混乱状态。实际上心理学告诉我们，人类的学习基本上是在继承基础上发展的。维果斯基说“人都是一种社会学习”，它不可能从人类几千年发展的起点开始。所以说，儿童的观察模仿学习、探究创造学习与问题解决学习之间的关系是一体化的。

儿童看见大人用一根筷子做扳手把热水袋盖子打开，孩子没有筷子，于是就找一个长得像筷子一样的、比较硬的东西来打开热水袋盖子。尽管这是一个儿童解决问题的过程，但是解决问题的前提是他看到过大人的做法。现在我们幼儿园实际教学过程中，很多老师在相当一段时间内很害怕教孩子一些东西。如果认为教了孩子就扼杀了孩子的创造性，这实在是一个误区。

如果说过去我们很少给儿童机会去探索创造，很少有机会让儿童通过观察模仿学习得到的知识进一步对新知识进行探索创造，并应用在发现问题和解决问题的过程当中，那么现在就需要补充这一部分的引导。

另外，我们知道，成人在有问题需要澄清或需要解决的时候，会有动力去寻求解决办法，儿童也是如此。他们会想知道：别的小朋友是怎么解决的？爸爸妈妈是怎么解决的？老师是怎么解决的？……甚至有动力到网上去查找资料，别的国家的人是怎么解决的，科学家是怎么解决的。当儿童养成这种想要澄清问题、解决问题的习惯后，就会更有主动学习的动力。所以说观察模仿、探究创造和解决问题是一体化的，不是对立起来的。

4. 过去认为，每一个领域的学习是完全独立的、自给自足的。实际上在我们的现实教学当中，在对儿童学习的观察、研究过程中发现：艺术学习与其他领域的学习也是一体化的，因为艺术是一个工具。比如现在要用艺术的方法画一只小猫，学一只小猫怎么叫的，怎么唱歌、跳舞的。没有见过猫，不知道猫是什么样的，是不可能表现出来的。艺术学科，是用艺术的方法和手段表达、反思自己对现实生活的看法，所以艺术学习和现实生活中的所有学习是密切相关的。再比如，小朋友唱一首《刷牙歌》，内容和健康有关；《刷牙歌》边唱边配合动作表现，又和身体运动有关；想和其他小朋友一起唱，但别人不愿意，怎样让别人了解一起唱歌是愉快的事情，这又是交往问题，和社会领域相关;儿童在一起做游戏,有人不遵守规则,耍赖皮,赢也不被认可,这本质上又是道德问题。很多心理学家从儿童的游戏、从对游戏规则的遵守和游戏的建构这些方面来看儿童早期的道德发展。所以在幼儿园玩游戏,看看小朋友能不能很好地遵守游戏规则。这规则不一定是老师的,也可能是共同建构出来的,觉得现在这样是比较公平的。当然,也可能经过一段时间后,以前认为公平的规则现在觉得比较狭隘,还可以建构一个新的游戏规则,让大家来感受这个认可的新游戏规则。为什么会有游戏规则呢?研究游戏的人,包括很多早期的哲学家的研究都认为,人之所以投入地去建立游戏规则,原因很简单,就是要赢。赢有两个层面。一个是对于好奇的东西,想知道是什么。对于没有做到的事情,现在想做到,就是超越自我,这是人的一种本性。出于这样的本性,才发明了各种各样的游戏,包括大人玩的扑克牌、麻将,小朋友的"石头、剪刀、布",弹弹珠等。二是这些游戏的根就是要赢别人,赢了别人就证明自己是聪明的、灵敏的,是对自己的一个肯定。我们刚才所说的"赢"在一定范围内是积极的、向上的,愿意去了解自我,实现自我的人格。人类活动中肯定会牵涉很多道德问题,都是有一个道德界线的,这就和社会有关。

5. 学习与游戏、工作、生活是一体的,不要说游戏就是游戏,工作就是工作,生活就是生活。比如,儿童在幼儿园玩过家家游戏,模拟爸爸、妈妈、子女以及家里的小狗、家具等之间的关系,实际上这种关系可能是模似,但是这种模拟是来自家庭生活的经验,也为儿童将来的家庭生活奠定了观念和行为的基础,所以不能绝对地说这是游戏,其实儿童对游戏是非常的重视。

(二) 教育建议

1. 关注幼儿的生存需要,激发幼儿的成长需要,支持幼儿的成长努力

教育建议

- 关注幼儿的生存需要
- 激发幼儿的成长需要
- 支持幼儿的成长努力
- 关注并努力落实幼儿的学习品质发展
- 关注并努力落实幼儿的人格品质发展
- 关注并努力落实教学活动的游戏化

因为要支持儿童的学习,我们就要对儿童的需要进行关注。要关注儿童生存的需要,要激发其成长的需要。儿童想要超越自己,想要干一件过去没有干过的事情,想要做好老师教的动作,想要唱好歌……这都是儿童成长的需要。当他们努力的时

候就应该给予支持和帮助，这就是我们说的关注生存需要，激发成长需要，支持幼儿成长的努力。

2. *关注并努力落实幼儿的学习品质的发展，关注并努力落实幼儿的人格品质的发展*

对于儿童的发展，有一个新问题——如何支持儿童的发展。《指南》中特别强调儿童学习态度的发展、人格品质的发展要同步关注。不能教艺术，眼睛里只看到艺术，仅关注艺术领域中欣赏、感知、表现创造能力的发展。比如，儿童在做音乐游戏，但是有小朋友要赖皮，大家都觉得这是不公正的。是否允许这个现象发生，老师可以组织孩子们来讨论一下。不能说因为今天是音乐课，这件事情应该是社会课讨论的，就不予即时的引导和解决。很多老师在社会课上，在没有任何价值冲突的情况下来讨论价值问题，儿童往往很反感。

3. *落实教学活动的游戏化*

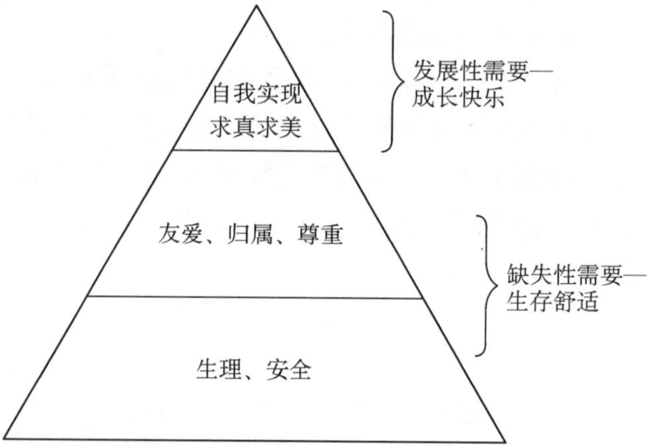

教学活动的游戏化与上面提到的两点是有关系的。我们来看上面这幅图：这幅图是美国心理学家马斯洛关于人的基本需要层次的理论模型。这里说的需要是生存需要。首先要满足儿童吃喝拉撒、活动、休息等基本的生理需要，要满足幼儿生理安全的需要，在这个需要被满足的条件下，儿童才会产生被人爱，归属于一个家庭或集体的需要，以及受到别人尊重的需要。这些需要，如果我们不能给予儿童满足，让他们觉得难受，成长需要就不可能产生。儿童觉得学习很有意思，很有吸引力，前提是他们的生理和心理感到舒服、安逸。有的儿童上课捣乱，为什么要这样？他可能是想引起别人的注意。也就是意味着图里第二层的需要他没有得到满足，处在一种缺失的状态，又不知道用什么合理的方法来满足，就有可能出现所谓的课堂纪律问题。那么这个课堂纪律问题是怎么产生的？也许是下面的一层需要没有得到满足。比如，孩子已经疲劳了，但他被要求再练习一遍，这会让他觉得烦躁，当找不到地方出气时，就会出现故意躺在地上、推人这些现象。所以首先要满足儿童生理、安全需要，第二层的需要才能产生。只有生理、安全需要被满足了，第二层友爱、归属、尊重的需要才会被激发出来。因此我们要为儿童创造环境，尝试让儿童自己努力，并对他的努力给予不同的支持。

另外，在努力的过程中，一定牵涉到人格的问题。

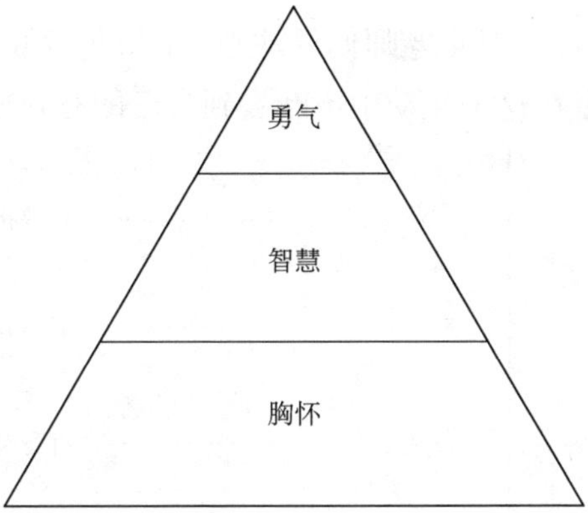

学习品质要发展，人格的品质也要发展。其中的人格品质问题，我们也要予以关注。儿童在做一件事，但是感到害怕，怎么对付，这就涉及勇气的问题。害怕这件事，一定要做吗？可以选择做还是不做，要选择在一个什么样的条件下去做，选择在什么人的支持下去做，那又涉及智慧的问题。最后将会涉及胸怀，也就是价值观的问题。比如，在玩游戏的时候，幼儿被撞了一下，他是要选择没完没了地和撞他的小朋友纠缠呢，还是对自己说"撞一下有什么关系啊"？不要觉得这个问题很小，关注这个是小题大做，其实类似的问题在儿童生活里是无处不在的。

下面我们从教学和学习的方式上介绍如何给予儿童支持。

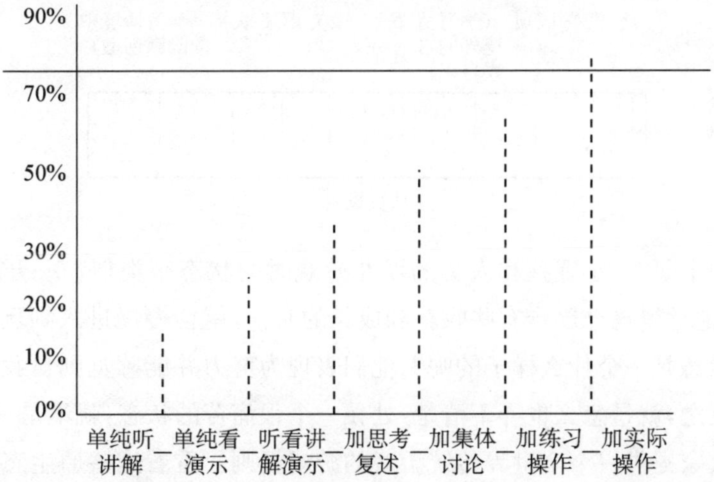

上图是美国心理学家爱德加·戴尔一个学习锥的模型，我们仔细看一下图表，纵向是学习的效果，横向是学习方法。单纯的听讲，效果是比较差的；如果一边听讲，一边演示，效果就会好一点；如果加上复述、讨论、操作，学习效果就会越来越好。现在，有些老师还是比较多的使用单纯听讲的方法，单纯看演示的方法，那么这样就不能让儿童在很短的时间内有效地吸得他想要的东西，所以就会觉得学习没有意思，因为他是想要自我实现的，但是花了这么多力气，因为方法不合适，学习没有达到这样的效果，他就会很厌烦这项学习。因此老师们要注意，在和儿童互动学习的过程中，要特别关注怎么样才能使儿童在这个互动中不断看到自己的有效成长。

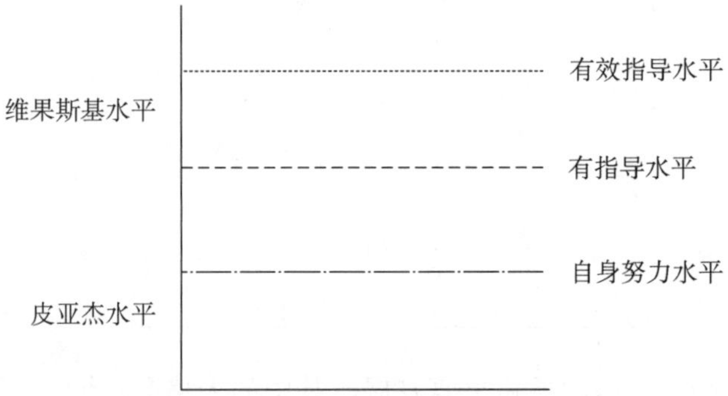

通过上面的研究图表，我们可以看出完全靠儿童自身努力的学习，他们可能达到第一条线；如果我们提供有一些效果的指导，儿童就有可能达到第二条线；当我们的指导是能符合儿童的需要，他们可以发展得更快。所以从这个角度上来讲，我们关心支持儿童的这种方法到底合适还是不合适，这个是我们在观察儿童过程中的尺度，如图：

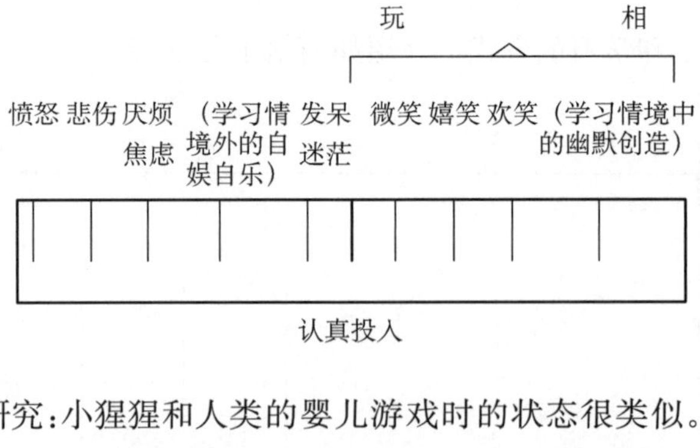

国外有一个研究：小猩猩和人类的婴儿游戏时的状态很类似。一开始都是很认真投入的，当他觉得自己逐步有些收获和成长的时候，就会慢慢进入到玩相状态。孩子处在玩相状态是一个什么样子的呢？他们表现为努力并能感觉到自我成长的一个状态。那么反之，就是怎么也弄不清楚，处在一个很痛苦的状态，就不是一个玩相。

最后为大家提供一个全世界传统游戏的游戏规则。看看这些原生态游戏规则给儿童带来怎样的、让他们争取自我实现的一些挑战。老师们可以借助这样一些游戏去设计教学活动或是设计对儿童发展的建议。

传统游戏基本规则类型借鉴
(体能——智能;模仿——创新;竞争——合作)

- 情境表演游戏(含局部运动的表演——手指游戏)
- 领袖模仿游戏[镜像、跟随、后像(递增再现)]
- 输赢竞争游戏[追捉、争物(友)、占位、比大、对攻]
- 控制游戏(造型、默唱、休止)
- 传递游戏(传物、传话、传位)
- 身体接触游戏(拍花掌……)
- 队形变换游戏(换位、穿插、跳转)
- 猜谜游戏[猜谜对歌、猜领袖、猜音源、猜缺失物(人)]
- 玩影子、玩东西游戏(乐器、道具……)

支持儿童学习不等于老师什么都不教,而是可以给儿童一些让他们觉得欣喜,愿意去获得社会文化的东西。然后要给儿童支持,甚至提出一些任务。一旦儿童投入到自己认可的活动当中,他们也会发明一些让人意想不到的东西。所以观察模仿学习、探究创造学习和解决问题学习都是很有价值的学习。我们应该让儿童有各种各样的机会在这三种不同的学习过程中均衡发展,在学科发展、学习能力发展、人格发展中均衡发展。

第八讲

《指南》与科学观察幼儿

邱学青

一、《指南》提供了观察了解幼儿的参照

幼儿教育，观察先行。在幼儿教育领域，观察作为一种在课程框架内对不同年龄阶段幼儿进行评价的工具，越来越受到广大幼教工作者的重视。观察可以全方位地了解幼儿实际发展水平的理念，已经得到幼儿园教师广泛的认同。然而，在幼儿教育实践中，教师们对于怎样观察，用什么方法观察，以及观察的结果如何用于改善教育实践等，却缺乏有效的方法指引，尤其是不清楚用什么样的眼光和视角去观察了解幼儿，存在观察结果无法用于改进教育实际的现象。

图1　中班教室观察图

图1是一张拍摄于某中班教室的图片，在空旷的教室里有一男一女两个孩子，男孩面对图片的左侧做走动状，女孩手里拿着什么东西，也朝着左侧方向看。在男孩右手方向不远处，有一个成人站在门口。请老师们观察3分钟，然后说出自己看到了什么。

于是，不同的教师从不同的角度观察，就得到了这样几个不同的方面：

有的教师说小男孩准备去上厕所；

有的说教师让两个孩子去洗手；

还有的说其他小朋友出去了，他们因为身体不好留在教室里；

还有的教师说这是晨间入园最早的孩子；

也有教师说这是离园最晚的孩子，门口有人来接了；

有的还说是午休时间没睡或先起来的孩子；

……

其实，每个人在观察这张图片的时候，都调动了自己已有的经验，不同的人得出不同的答案。

为什么每个人观察的结果不一样呢？这是受观察目的、方法、观察者的前期经验等因素决定的。

首先，观察的焦点不同。有的教师观察这张图，首先判断这是什么时间段；有的教师通过地点来判断这是什么场景；有的根据人数或看到成人，视角不一样。

其次，观察者的需要和经验不同。一个经常带班的老师，或者是一位园长，或者是保育老师，以及在校学习的大学生，对图片的解读是不一样的。

再次，观察的方法和技能不同。有的老师看到孩子后面的墙上贴了很多东西，会关注班级的环境布置；有的人可能看到的就是两个孩子在空旷的教师里跑。

最后，观察的目的不同。观察目的不同，得到的结果就不一样。通过不同的老师对图片的解读，我们可以发现一个共同的问题，就是对现象缺乏完整的、整体的和多层面的了解。对现象进行完整的、整体的和多层面的了解，正是《指南》的要求。

1. 《指南》指引科学观察了解幼儿的方向

《指南》经过了“文献研究”“效度检验”“多次集中征求意见”及“学前教育专家指导委员会审议”等 4 个阶段为期 6 年的研制，内容科学准确、系统全面。从健康、语言、社会、科学、艺术五大领域描述了幼儿学习与发展的要求，每个领域按照最基本、最重要的内容划分为2—3个方面（子领域），提出了发展目标、不同年龄段幼儿的典型表现和发展趋势，并配以相应的教育建议，针对幼儿园教育和家庭教育中存在的问题和误区，有较强的前瞻性、指向性和可操作性。

《指南》的层级目标为幼儿教育工作者实施有效观察提供了方向性的参照指标，使幼儿一日生活活动的观察变得有的放矢。观察者头脑中有了关于儿童发展的五大领域目标结构性框架，以及充分把握了每条目标分别列出的幼儿在各年龄段的典型表现及发展趋势。那么，在具体的观察情景中，观察者就自然地会把所看到的现象与《指南》的目标和内容挂钩，这样就避免了因缺乏观察目标而盲目观察、为观察而观察的现象发生。例如，当观察幼儿在绘画时，就能从线条、色彩、构图等方面去获取信息，而不单单是用画得“像不像”“好不好”等成人的标准来评价幼儿的作品。

《指南》为系统观察幼儿提供了参考指标。《指南》犹如路标，使教师心中有儿童发展的路径，引导教师心中有儿童的指引。《指南》的内容结构详见图 2：以儿童发展为中心向外扩散，第一环展现了《指南》所包括的健康、语言、社会、科学、艺术五大领域；第二环呈现了各个领域所包含的最基本、最重要的子领域内容；这些子领域分别提出的发展目标构成了第三环的内容；第四环则是实现第三环目标而提出的相应的教育建议，帮助教师观察了解每个孩子发展到什么程度，以便决定怎样更好地帮助幼儿，更好地发挥教育功能，使教育更加有针对性，关注个体差异，允许儿童以自己的速度发展。

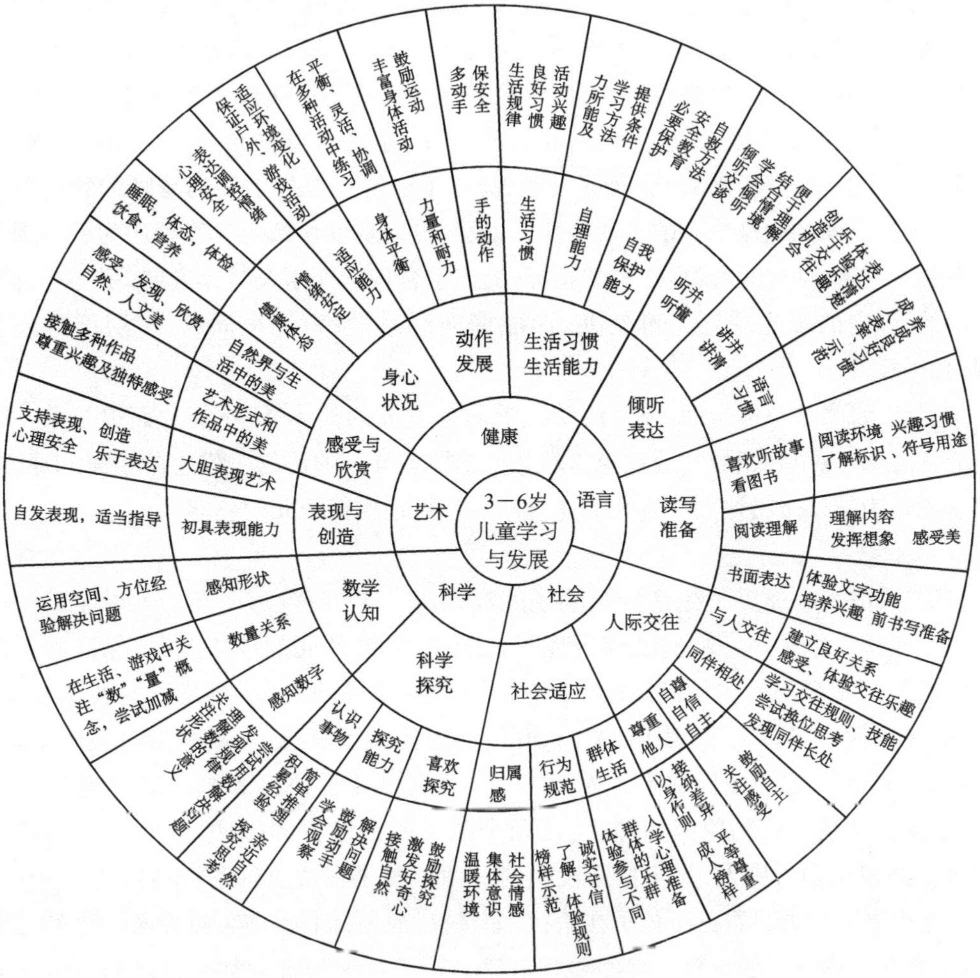

图2 《指南》结构分布图

观察能力是帮助教师从新手成长为专家的必要条件和重要途径。熟知3—6岁幼儿身心发展特点和行为表现，能全面指导并提高教师的专业素质和教育实践能力。

2. 《指南》指明了全面观察幼儿的视角

观察要整体全面，要关注幼儿学习与发展的整体性，不能片面追求某一方面的发展，或以个别领域的分数掩盖幼儿的个体差异。要关注幼儿在生活和游戏中的行为表现。《指南》强调幼儿是积极主动的学习者，尊重幼儿的学习方式和学习特点，珍惜童年生活的独特价值，充分认识生活和游戏对幼儿成长的教育价值，最大限度地支持幼儿通过直接感知、实际操作和亲身体验获取教育的需要，让幼儿在一日生活中，在与同伴和成人的交往中感知体验，分享合作，享受快乐。

《指南》为教师提供了有关儿童发展各个年龄阶段的发展水平，提出了合理的期望及具体方向。要关注幼儿的个体差异。尊重幼儿发展的个体差异，允许幼儿按照自身的速度和方式达到《指南》所呈现的发展“阶梯”，不用一把“尺子”衡量所有幼儿。

以发展、纵向的眼光观察了解幼儿。孩子的经验是彼此联系的，涉及语言、科学、数学等各个方面。《指南》为全面深入地观察、了解幼儿提供了结构清晰的领域发展依据，指出不同的领域核心的东西是什么，教师应该观察什么。《指南》还为教师提供了有关儿童各年龄阶段发展水平的指标，提出了合理的期望及具体方向，引导教师以发展的、纵向的眼光观察了解幼儿，形成横向联系的、整体全面的、多层面的观察视角。

因此，观察要整体全面，要关注幼儿学习与发展的整体性，不能片面追求某一方面的发展，或以个别领域的分数掩盖幼儿的个体差异。关注行为发生的情景和原因，而非就行为结果做出评判。避免孤立、静态、片面地看待幼儿的弊端。

3. 《指南》提供了综合分析问题的立场

幼儿是一个整体，要完整、综合地了解幼儿，发现幼儿的个体差异，保证幼儿的全面发展。观察的目的是了解幼儿，关注幼儿的发展，满足不同儿童发展的需要。例如，中班两个男孩为了“菜场”关门、开门的事情发生争执，一个坚持该关门了，而另一个则坚持不能关门，两个人互不相让，争执得几乎快打起来。这时老师看见了，过来问清楚各自的原因和理由，让两个孩子明白对方的想法，并告诉他们：“要把自己的想法告诉别人，光争执是没用的。”两个孩子很快协调了行动目的。

这里老师如果只看见了孩子在争执，如果仅仅只去制止，或者批评某一个幼儿的话，势必会误伤孩子的自尊。我们要相信每个孩子行为的背后都有自己的原因和理由。要关注行为发生的情境和原因，而不是就行为结果做出简单的判断。这就是《指南》提供的怎么样来看待、分析观察结果的综合分析的立场。

孩子的发展是渐进的，线性的，由量变到质变。小班、中班、大班是一个持续的发展过程。教师要以发展的、纵向的眼光来观察幼儿，而不能孤立、静态、片面地看待儿童，见到孩子的一点点行为就断定孩子有什么问题。避免以偏概全、盲人摸象的局限性。

观察要整体全面，关注幼儿学习与发展的整体性，不片面追求某一方面的发展，或以个别领域的分数掩盖个体差异。

二、设计或选择符合《指南》精神的观察工具

在幼儿教育过程中，幼儿教师积累了大量丰富的感性经验；怎样才能客观记录和

描述儿童的行为表现，怎样科学、准确地把握孩子，整体、全面地看待孩子，就需要科学观察来保驾护航。需要从“明确观察目的”“选择正确方法”“客观准确记录”“全面综合分析”等观察的基本要素着手，准确、全面、科学、真实、客观地反映班上孩子的情况，达到促进幼儿发展的宗旨。

1. 根据观察目的，确定观察内容

所谓观察，就是收集带有主观目的的客观信息。这句话包含了两个方面的意思：一是观察是有目的的活动，研究者必须清楚到底想获得什么信息，解决什么问题；二是观察所收集的信息能够反映实际情景，具有客观性、准确性。明确目的是有效观察的前提。

例如：某老师发现班里的冰冰（男，4 岁）最近两天特别喜欢玩积木，而很少参与其他活动。为了让冰冰能得到全面发展，这位老师就不允许冰冰再玩积木。不能去积木区的冰冰变得脾气暴躁，时常出现攻击性行为……

这位老师对冰冰爱玩积木的处理方式欠妥当。这是一种随意性较大的日常观察。日常观察和科学观察在“目的”“方法”“结果”等方面都存在差异。日常观察随机性强，冰冰的老师仅凭最近两天对冰冰在积木区的观察，就随意判定冰冰玩积木会影响全面发展，她并没有真正了解冰冰为什么喜欢玩积木，对冰冰在什么情况下喜欢玩积木、每次玩多长时间、冰冰在积木区做了些什么都不得而知。可见冰冰老师的观察缺乏目的性。由于方法的不严谨，导致观察结果缺乏准确性、客观性及全面性。对冰冰缺乏全面的观察分析，就冒然取消冰冰玩积木的做法，既不利于孩子的发展，也不利于教师开展有效的教育活动。与日常观察相比，科学观察并不是见到什么观察什么，而是有着明确的目的性，运用的方法要求步骤清晰，通过对现象客观的记录，保证了结果的准确、可靠。比如，教师想了解孩子独立生活的能力，就要了解孩子自己上厕所、自己穿衣服、自己收拾被子等方面具体的内容。

我们将以帕顿在 1932 年关于“学前儿童社会参与状况”这一经典研究为例，来说明设计观察工具的步骤及其过程。以“了解学前儿童社会参与状况”为目的，就必须考虑研究的情境，选取研究的场地。考察社会参与状况，社会参与的范围很大，需要确定具体情景中观察的内容。在幼儿园，情境是由场景和情景构成的。场景是物理空间、设备、材料等影响个体做出某种行为方式的各种资源和机会。情景是发生在场景中的社会和心理条件。考察学前儿童社会性参与状况，首先要考虑在什么样的情景当中。社会参与，孩子是主动自愿的，是加入到群体中的，是一种自由活动，而不是被迫的。什么活动具备“主动自愿的、加入到群体中的自由活动”这一特征呢？只有自由游戏具备了这些特征。所以，根据“了解学前儿童社会参与状况”这一目的而确

定的研究内容就是幼儿在一个时间段里的自由游戏。

2. 分析并细化观察指标的操作定义

将观察的内容分解、细化并做操作定义。设计反映儿童参与社会性集体活动的预定类型。帕顿在事先对学前儿童在游戏中所表现出来的社会参与状况大致了解的基础上，列出了儿童社会参与的6种类型，即“无所事事”“旁观”“单独游戏”“平行游戏”“联合游戏”和“合作游戏”，并分别做了精确的操作定义：

“无所事事”，即儿童不参与活动或交往，随意看，玩自己的身体；

“旁观”，即儿童看别人玩，有共同兴趣及言语，但不参与活动；

“单独游戏”，即在同伴附近用不同玩具专注地独自玩；

“平行游戏”，即独自在同伴旁边玩相同的游戏，互相不影响；

“联合游戏”，即大家一起玩，分享玩具设备，有控制人的企图，有追随但无组织分工；

“合作游戏”，即有共同目的的小组游戏，有角色分工及领导。

帕顿所做的社会参与的操作定义，就是对所观察内容的规定，确认了社会参与行为的相似点和差异。“无所事事”和“旁观”就是既相似又有差异的一对概念，相似的地方都是“不参与活动”，但其中又有差异，前者是以自己的身体为中心，后者儿童的目光是指向别人，与其他人有共同的兴趣或语言。“单独游戏”和“平行游戏”这一对概念相似的地方都是指独自玩，而差异在于单独游戏是在同伴旁边玩不同的玩具，而平行游戏则是玩相同的游戏。“联合游戏”和“合作游戏”相似之处都是指幼儿在一起玩，不同之处在于前者没有组织分工，而后者则是有角色分工及合作。

对所要观察的内容进行分解、细化并做出操作定义后，就把幼儿的社会参与的一类活动和另一类活动完全区分开，有利于我们客观真实地记录幼儿的行为。

3. 选取适合的方法

正确的方法是观察的关键。幼儿教育中常用的观察方法有两类：描述观察和抽样观察。

描述观察，包括日记描述和事件描述(轶事、怪事等)，适合对一个或几个幼儿的持续观察，也可以有针对性地对全班孩子进行观察，并作实况记录。如对班上孩子每天日常生活环节进行描述，可以用日记描述法；也可以用事件描述法来记录当天特别值得记录的好事或怪事，把整个事件的过程描述下来。描述观察法，容易收集到详尽而丰富的第一手资料，但对观察者客观准确地描述记录的技术要求较高，难免会掺杂观察者的主观成分，且难以快速发现有代表性的信息。

抽样观察，有时间取样法或事件取样法。时间取样法的原理，相当于对被试的取样，即把一定范围内抽取的部分对象看作该类对象总体的一般行为(样本)。通过抽取出来的样本，可以推断总体的特征。时间取样原理也是如此，被试在某一个时段中的行为，可以视为其一般的通常行为的一个样本。若抽取充分多的相同的时段样本，其中所观察到的行为，可以代表其一般行为。如果教师平时很忙，而需要观察的现象需要相当长的时间，如一周、一月，或每天上午等，就可以采用抽样观察的方法。比如，每天上午游戏时间可以专门观察儿童的某一行为，这就是时间抽样。值得注意的是，时间取样法首先要确定观察的时间，该方法仅适合于经常发生的行为，如果在15分钟内都不容易出现的行为，就不适宜用时间取样法。帕顿关于"学前儿童社会性参与活动状况"，就是在9个月的时间里，选取每天都安排的自由游戏时间，每次对每个幼儿观察一分钟，这里的一分钟就是他所抽取的时间段，在若干个一分钟里，所观察记录到幼儿的社会性参与活动状况，就可以代表幼儿一般的社会性参与活动的情况。

如果需要专门观察孩子的某种行为，如告状、攻击性等，即可以选用事件取样的方法。事件取样法不受时间间隔与时段规定的限制，只要事件已出现，便可记录，并随着事件的发展持续记录。因此，确定观察事件及其操作定义十分重要。著名的"学前儿童争执事件200例分析"就是美国的道(H. C. Dawe)围绕某保育学校40名幼儿自发争执事件的完整观察记录，只要事件一发生便完整、迅速地记录下全过程。

4. 根据方法制订观察记录的表格

科学记录是有效观察的目的，科学的观察工具有利于观察结果的记录、整理和分析，以保障观察结果的有效性。确定了正确的观察方法，还需要有科学快捷的记录方式，才能在短时间内快速、准确、客观地捕捉到期望观察到的信息。可以利用现成的量表，比如用帕顿/皮亚杰量表，来考察儿童游戏的社会认知发展水平；也可以根据研究的需要，自己设计观察记录的表格。帕顿设计的《学前儿童社会参与性活动观察记录表》，可以为我们提供参照的范例。

表1 学前儿童社会参与性活动观察记录表

时间	儿童代号	活动类型					
		无所事事	旁观	单独游戏	平行游戏	联合游戏	合作游戏
在规定游戏时间里(如30分钟)，每次对每个儿童观察一分钟。							
根据操作定义，判断每个儿童当时从事何种类型的活动，计入表中。							

在帕顿设计的《学前儿童社会参与性活动观察记录表》中，最左边的“时间”栏内，可以填相同的时间段，比如每个孩子1分钟，30秒观察，30秒记录。“儿童代码”栏可以填孩子姓名或代码。“活动类型”栏则是前面述及的6个操作定义。表格的使用是在规定的游戏时间里（如30分钟），每次对每个儿童观察1分钟（观察30秒，记录30秒。观察者可根据具体情况决定时间比例），根据操作定义，判断每个儿童当时从事何种类型的活动，计入表中。例如，当看到一个儿童埋头玩自己的衣服纽扣，不参与活动或交往时，就可以根据操作定义，在该儿童的代码相对应的“无所事事”一栏记录次数或记号。

5. 通过预观察，完善观察记录工具

设计好的观察工具，并不能完全穷尽所要观察的内容，因此，事先进行小范围的预观察，能帮助观察者发现观察工具的不足与存在的问题，反思问题并完善工具，保证正式观察所收集的信息更加客观、准确地反映现实状况。

6. 修订工具，实施现场观察

观察工具经过修订，进入现场实施正式的观察。

三、 运用观察工具实施观察

为了帮助教师更好地运用抽样观察的方法，获取更多的关于幼儿行为的信息，发现问题并做出相应的改进，下面举例说明如何设计不同活动的观察工具，在不同的活动环节中去观察、了解孩子的典型行为。

为了能够较好地说明幼儿园一日生活的各个环节，我们将从“生活活动”“教学活动”“游戏活动”三个方面举例说明。

1. 生活活动

生活活动之一：如厕。

观察目的：评判某个幼儿的如厕能力。

观察内容：记录孩子如厕的次数，包括成功的次数和尿湿裤子的次数。

观察方法：事件取样法。即在规定的如厕时间内，观察该幼儿出现的相应行为，根据内容将代号记入表2中。

表 2 某幼儿的如厕观察记录

星期	幼儿园规定的如厕时间						
	8:30	9:00	9:30	10:00	11:50	12:30	……
星期一							
星期二							
星期三							
星期四							
星期五							
备注:记录如厕次数(√)、成功次数(≈)、湿裤子次数(×)							

表中所列时间为举例需要,并不准确代表幼儿园的如厕时间。观察某幼儿这段时间如厕情况,分别计入相应符号。通过观察可以分析该幼儿这一段时间的如厕情况正常与否。对结果的分析,将在后面呈现。

生活活动之二:晨间锻炼。

观察目的:幼儿对晨间活动器械的选择。

观察内容:看一组大班幼儿对每项活动是否做了选择。

观察方法:事件取样法。即观察幼儿在某项活动中,如早操、跳格子、骑车等活动中的选择。根据观察内容设计记录表 3—A(表格中列举的活动内容为举例,不一定合适幼儿园,仅供参考):

表 3—A 晨间活动项目选择记录表

幼儿	跳绳	投掷	骑车	攀爬	踩高跷	滑板
A						
B						
C						
D						
E						

这里仅是一个小组幼儿的选择。如果看到某孩子选择了什么活动,就在这一活动栏内打钩。一段时间以后,教师就可以用联系的、发展的、全面的眼光来分析孩子的活动情况。这样,我们就可以通过这一组孩子的选择来进行分析。

2. 教学活动

教学活动之一:师生言语互动。

这里介绍一个经典研究。研究者是弗兰德斯。

观察目的：师生言语性的相互交往活动。

观察内容：师生课堂言语互动行为。

观察方法：时间取样法。即在规定时间内，每隔 3 秒，观察课堂上师生行为，判定类型，将行为代号记入观察记录表格中。

操作定义见表 4，记录表格见表 5。

表 4　师生言语相互作用分类系统

操作定义	教师言语
作出反应	1. 接受感情表达：和蔼地接受学生所表达的情感，可以是积极的或消极的情感，包括预见或回忆情感。 2. 表扬或鼓励：表扬或鼓励学生的行为或动作，说笑话使之放松紧张感，点头，说“嗯，嗯”“说吧”等。 3. 接受并接纳学生的意见：利用学生意见建立或解释某观念。 4. 提问：关于学生回答问题的内容和过程向学生提问。
主动发起	5. 讲课：陈述有关内容、过程的事实，陈述自己的观点，并就有关问题提问。 6. 发出指令：指示学生做某事、要求学生服从等组织课堂活动的指令。 7. 批评：为让学生改变行为而说的话，包括说明教师为何要这样等解释语。
	学生言语
作出反应	8. 对教师的言语反应。
主动发起	9. 主动语言：自己想要说的，主动发言等。
	停顿
	10. 沉默或困惑：短时间沉默，或观察者未能理解师生交往时的一段困惑时间。

表 5　弗兰德斯师生言语互动行为代号记录表

1																				
2																				
3																				
4																				
5																				

表 5 是记录 5 分钟时间段内师生的行为的。横向每小格代表 3 秒，每行 20 格，为 1 分钟；纵向是分钟栏，共计 5 分钟。例如，听到老师说话时，根据操作定义在小格中记入老师“主动发起”的相应符号；听到幼儿说要上厕所，则记入幼儿“主动发起”符号……记录 5 分钟以后，就可以通过记录的这许多符号，分析本节课堂中老师和幼儿的互动状况，是主动发起还是被动接受。

教学活动之二：考察幼儿的坚持性。

观察目的：考察幼儿学习绘画的坚持性。绘画的坚持性一般认为是幼儿能坐得住。但也有坐得住但没有绘画的情况，这同样是绘画的坚持性有问题。所以观察内容是幼儿在绘画课上从事非绘画的行为。

观察内容：通过观察目的的分析，把观察内容确定为大班幼儿的非绘画行为。通过对非绘画行为的分析、细化，把非绘画行为的操作定义细分为观望(G)、下位(X)、做小动作(D)等。

观察方法：时间取样法。即在一段时间内，如课堂教学的30分钟内，每隔5分钟即对全班幼儿观察10秒，看哪个幼儿在从事非绘画的行为。

观察记录表格见表6(6—A为设计简单的记录表，6—B的设计可观察更多的信息，可根据研究需要选用)。

表6—A 非绘画行为观察记录表

幼儿	时间单位							
	10:00	10:05	10:10	10:15	10:20	10:25	10:30	总计
×××								
×××								
××								
××								
使用说明：1. 记录幼儿是否发生了与绘画无关的行为(G、X、D)，如发生就计入表格中； 2. 可以得出关于每个幼儿非绘画行为出现的次数； 3. 发现幼儿在哪一个时段出现非绘画行为的频率最高。								

表6—B 非绘画行为观察记录表

幼儿	10:00	10:05	10:10	10:15	10:20	10:25	10:30	总计
	GXD	GXD	GXD	GXD	GXD	GXD	GXD	GXD
×××								
×××								
××								
×××								
注	G观望 X下位 D小动作							
使用说明：1. 每个幼儿观察10秒，如发生与绘画无关行为，在行为分类的相应栏目中打“√”； 2. 如班级人数过多，可随机抽取部分幼儿。								

表6—B将操作定义中各类非绘画行为符号设计在表格中，减少了教师对操作定义的记忆，使用起来更为清晰方便，既可以得出和表6—A同样的结果，又使结果更加

条理清晰，有利于教师进行分析和提出教学建议。

3．*游戏活动*

游戏活动之一：交往行为。

观察目的：了解幼儿在游戏中的交往行为。

观察内容：不同幼儿在游戏中表现出的友好、合作、亲社会等行为，以及攻击性行为；了解幼儿在同伴群体中的受欢迎程度。

观察方法：时间取样法。

观察记录工具为所设计的《游戏中幼儿交往行为观察表》(详见表7)，每个时段观察一个幼儿，把幼儿姓名代号填入表格中。

表7　游戏中幼儿交往行为观察表①

行　为	观察时段							
	1	2	3	4	5	6	7	8
与其他儿童友好合作	①			④				
不与其他儿童合作			③					
表现出好交往，友好的行为		②						
表现出攻击性行为			③					
表现出独立的行为		②						
表现出依赖行为				④				
发起与其他儿童的游戏活动——扮演领导角色	①							
扮演跟随者角色				④				
看起来受很多儿童喜欢——受欢迎型的	①	②		④				
看起来不被喜欢或不受欢迎			③					
	1	2	3	4	5	6	7	8
注：选定的时间间隔为观察30秒，记录15秒，等待15秒再观察下一个儿童。								

被观察的儿童

①　玛格丽特　　④　帕特里夏　　⑦　＿＿＿＿

②　菲利普　　⑤　＿＿＿＿　　⑧＿＿＿＿

③　考特尼　　⑥　＿＿＿＿

①［美］WarrenRBentzen著，于开莲等译：《观察儿童——儿童行为观察记录指南》，人民教育出版社，2009年版，第107页。

该表的优点是将操作定义设计在表格中(左边一列为操作定义),即使老师非常忙,仍能清楚地记录每个孩子的交往情况。表格中的"观察时段"为1分钟观察1次,将观察到的某个幼儿的交往情况用代码填入。每个幼儿如何与别人相处的具体情况一目了然。

游戏活动之二:游戏情节。

观察目的:看幼儿在游戏中游戏的情节发展。

观察内容:某幼儿在游戏中具体做了什么。

观察方法:描述观察法。即以书面叙事的方法,把该幼儿所表现出来的行为意义记录下来。

表8 游戏情节观察表①

观察者姓名艾丽斯. 汤普森(教师) 被观察儿童姓名梅利莎 儿童的年龄4岁3个月儿童的性别女 观察情境(家庭、儿童保育中心、幼儿园、学校)欢乐时光保育中心 观察日期2004年11月25日观察开始时间上午9:20 观察结束时间上午9:30 简要描述观察地点的物理特点和社会特点: 孩子们都在忙着玩各种自由游戏活动,整体情绪看起来比较开心。平时班上一般有15名孩子,今天只来了12名。根据早上家长与园长的电话沟通了解到,另3名孩子生病了。尽管孩子们整体情绪很好,但他们比平时都更安静,不像往常那么大声说话。
目标行为描述(OBD)与解释: 叙述性描述
OBD1:〔开始时间上午9:20 结束时间上午9:22〕 梅利莎比其他孩子晚到35分钟,她到的时候其他孩子都到了并已经开始各自的活动。她把衣服放到她的小柜子里,然后站在教室门口四处张望。她站了大约半分钟,只是眼睛转来转去地看其他孩子和他们的活动。 解释1: 梅利莎看起来很羞涩,几乎有点退缩。从到活动室开始,她看起来就不太愿意做事情。这可能是因为她开始就不愿意来。她的妈妈几天前提到她不太愿意来,没有其他的特别原因。

表8内要记入观察的基本信息,如被观察幼儿姓名,观察的时间、地点,观察开始和结束时间,环境背景描述,即环境地点的物理特点和社会特点,因为要在发生事件的情境中进行分析,所以一定要描述出当时的情境。然后是对孩子行为的描述。这样就能知道孩子游戏的具体发展情况,再根据相关指标进行分析。

① [美]WarrenRBentzen著,于开莲等译:《观察儿童——儿童行为观察记录指南》,人民教育出版社,2009年版,第89页。

四、按照《指南》要求分析并利用观察结果

观察是为了什么？有的教师很辛苦，孩子活动时做了很多观察记录，但这些观察记录却不能帮助教师进行教育反思，也不能改进幼儿的活动质量；有的教师也做了观察分析，但上交园长以后就归档保存，同样没有下文了。这样的观察没有在孩子身上产生作用，不能形成良性循环。观察的目的不是为了观察而观察，对观察结果进行客观分析是有效观察的目的。因此，怎样根据《指南》精神来客观分析和有效利用观察结果，促进幼儿发展和教育的改进，是有效观察的宗旨。

1. 分析利用观察结果的一般原则

一要根植于情境。即要还原到幼儿行为发生的情境中，分析幼儿行为发生的情境和原因，在行为情境中发现问题；而不能就行为结果做简单的评判，避免对孩子的伤害。

二要还原事实。老师不能根据孩子所言，或自己看到的表面现象立刻做出判断。要调查分析，了解当时实际情况，在还原事实的基础上再去解决问题，这样做出的教育行为才有利于孩子发展。

三要克服偏见。对观察的现象做出客观解释，而不能抱有主观偏见，要由事实得出结论。

四要结合幼儿的年龄特征发现个体差异，保证幼儿全面发展。

2. 分析观察结果应注意的问题

首先，观察者自身的经验、知识、个性、态度与观念等，这些犹如筛子，往往会自动过滤观察信息，遗漏掉许多重要信息。比如一个经典事例是，在一次娃娃家游戏场景中，一位观察者的描述是："我看见妈妈把被子盖在了娃娃的身上。"

解读之一：这是在幼儿园午睡室里；

解读之二：在家里；

解读之三：幼儿给洋娃娃盖被子；

解读之四：娃娃家妈妈给娃娃盖被子；

解读之五："妈妈"把一块布盖在布娃娃身上。

这就是因为观察描述不客观、不准确，导致因个人的经验和知识背景的不同而影响了理解的准确性。

其次，个人兴趣、注意力集中程度、身体状态等，也会影响观察的完整性。

再次，要根据观察的目的，有效地捕捉观察信息加以分析。如观察幼儿动手能力，却因注意力被其他孩子的行为所吸引，而最终却没有了解到孩子的动手能力，背离了观察的目的。

最后，要根据观察对象的年龄特征和发展阶段来分析观察到的资料。

幼儿教师不要为观察而观察，观察是为了更好地了解幼儿的行为表现，促使其向着更高的水平发展。

3. 观察结果分析举例

不同的观察目的，可以因不同的方法观察不同的内容，而得到不同的观察结果。尽管我们不能穷尽所有的观察结果，但可以通过举例，帮助幼儿教师理解怎样将观察结果与《指南》的要求挂钩，帮助教师更好地读懂孩子的不同需要，促进所有孩子的发展；发现教育教学中的不足，以达到改进并完善教学的目的。观察还可以使教师成为娴熟的观察者，促进教师的专业成长。

案例 1 教师对角色游戏指导的观察研究。

研究目的：了解教师对角色游戏的指导情况。

研究内容：观察教师对游戏不同阶段的时间分布。

研究对象：选取两所省级示范园 8 个中班的 11 次角色游戏。

研究方法：现场事件观察法。

观察结果的统计见表 9：

表 9 教师在中班角色游戏活动中的时间分配表

教师代码	总时间	导入时间	百分数（%）	游戏时间	百分数（%）	收拾玩具整顿纪律	百分数（%）	讲评时间	百分数（%）
A1	48′21	4	8.4	30	62	9	18.6	5′21	11
A2	48	5	10.4	33	68.8	4	8.3	6′	12.5
A3	60	10	16.7	40	66.7	5	8.3	5	8.3
A4	50′35	8	15.8	28	55.4	9	17.8	5′35	11
A5	62	8	12.9	30	48.4	9	14.5	15	24.2
B1	67′20	8	11.9	35	52	10	14.9	14′20	21.2
B2	46′20	5	10.8	28	60.4	4	8.6	9′20	20.2
B3	54′40	10	18.5	30	55	10	18.5	4′40	8
B4	78	13	16.7	37	47.4	13	16.7	15	19.2

（续表）

教师代码	总时间	导入时间	百分数（%）	游戏时间	百分数（%）	收拾玩具整顿纪律	百分数（%）	讲评时间	百分数（%）
B5	31	5	16.1	21	67.7	5	16.2	0	0
B6	65	14	22	33	50.4	9	13.8	9	13.8
平均	55′7	8	14.5	31	56	8	14.5	8′7	15

对这个观察结果应该如何分析？尽管游戏存在于幼儿园一日生活之中，幼儿园以游戏为基本活动，但角色游戏的重点在于发展幼儿的社会交往能力。因此，可以参照《指南》社会领域的内容来加以分析。

如果孤立地看“总时间”栏，结论是幼儿园的游戏时间是不少的，最长达到78分钟，最短也有半小时，说明幼儿园孩子并不缺乏游戏时间。

但如果联系对比其他栏目来全面地、有联系地、多层面地分析，就会发现问题。教师在游戏前的导入时间，最长的有14分钟；收拾玩具、整顿纪律时间最长13分钟；教师讲评时间最长15分钟。这样，孩子真正的游戏时间，最长的只有37分钟，而老师最长占用了41分钟。《指南》强调幼儿是积极主动的学习者，教师要最大限度地满足和支持幼儿通过直接感知、实际操作和亲身体验获取教育的需要，因此，要多为幼儿提供自由交往和游戏的机会，鼓励幼儿自主选择、自由结伴开展游戏。从表9的观察结果来看，教师真正给幼儿游戏的时间不到70%。教师如果利用游戏结束后的收拾整理，让幼儿做自己力所能及的事情，那么，用于收拾、整理玩具和物品的5—15分钟时间就是可行的，因为教师把握了蕴含在过渡环节中的教育契机来发展适应幼儿的能力。基于这样的分析，我们主张应多为幼儿提供自主交往和游戏的机会，鼓励幼儿自主选择，自由结伴开展活动。可以提出的建议是，教师帮助幼儿分享经验的时间比例需要调整……

从前面的分析可以发现，分析观察结果时不能片面、单一，一定要全面、整体、多角度、有联系地分析，才能得出准确的信息。

案例2

儿童如厕观察

观察目的：评估明明的如厕能力，了解异常是否导致倒退。

观察内容：如厕的行为表现。

观察日期：4月25日—4月29日。

儿童姓名、年龄：明明，4岁7个月。

观察方法：事件观察法。

观察地点：托幼机构厕所。

观察记录：要求保教人员在明明上厕所时对其行为做相应记录，记录表见表 10。

表 10 明明如厕记录编码

日期	9:00	10:30	11:30	12:30	1:30	2:30	
一	√	≯√	≮√	≮	≮	≯√	
二	√	≮	≯√	≮√	≯≮√	√	
三	√	√	√	≮√	≯≮	√	
四	√	≮√	√	√	≯≯√	√	
五	√	≮√	≯√	√	≮√	√	
注：√正常如厕时；≯发现坐立不安带去如厕；≮尿裤子；≦自己要求上厕所。							

根据记录，我们首先判定这是关于幼儿生活习惯和生活能力方面的观察。《指南》健康领域的子领域（三）就专门关注这个问题。明明已经是一个 4 岁半的幼儿，如厕对于他应该没有任何问题。但明明在所观察的 5 天中，只是在 9:00 这一时段如厕能力不错，到 10:30 就尿裤子了；在 11:30 时有坐立不安的表现，这就是给教师的一个信息，要马上带他上厕所；在 12:30 时尿裤子现象比较多，没有自己要求上厕所现象；到了 2:30，明明又能正常如厕了。

从观察结果分析，下面几方面问题值得思考：

● 明明完全没有主动要求去上厕所，而 3 个月前他能做到。是什么原因造成的？

● 按照规律，2 岁半儿童即能"日间通常保持干爽，不尿裤子"，而他却经常尿裤了（11 次），这是为什么？是生理问题还是心理问题？是家庭因素或别的什么原因？

● 有便意时经常表现出坐立不安（8 次）。那么在家里是什么表现？要和明明家庭沟通。

● 正常如厕 25 次。什么情况下能够做到正常如厕？正常如厕时是什么样的环境？不能正常如厕时又是什么样的周边环境？

● 中间为什么会出现这种状况呢？是不是这时刚刚喝过水或者中午刚刚喝过汤？睡午觉之前是不是没有上过厕所？等等。老师需要综合分析他近期的身体状况、情绪问题、家庭状况等等。

由观察结果可以得出以下结论与建议：

结论：完全没有主动要求上厕所；多是保教人员注意到他需要上厕所；在常规如厕时间，保教人员带他上厕所；经常在午餐后尿裤子。

建议：与家长联系，了解他在家是否能表达如厕需要；如在家中也有类似情况，请医生检查。

案例3

晨间活动的选择

观察目的：幼儿对晨间活动的器械做出什么样的选择。

观察内容：看一组大班幼儿对每项活动是否做了选择。

观察方法：事件取样法。即观察幼儿在某项活动中，如早操、跳格子、骑车等活动中的选择。

根据观察结果记录表格见表3—B（表格中列举的活动内容为举例，不一定合适幼儿园，仅供参考）：

表3—B　晨间活动项目选择记录表

幼儿	跳绳	投掷	骑车	攀爬	踩高跷	滑板
A	×	×	×	√	√	×
B	√	×	×	√	√	√
C	×	×	×	√	×	×
D	√	×	×	√	√	√
E	√	√	×	×	√	×

观察结果的分析与利用：这个活动属于《指南》“健康领域”的子领域（二）“动作发展”中的目标1“具有一定的平衡能力，动作协调、灵敏”，目标2“具有一定的力量和耐力”；和子领域（三）“生活习惯与生活能力”中的目标1“能主动参加体育活动”的内容。既要关注全体，也要关注个别，通过综合、纵向与横向的比较，全面看待观察结果，找出问题，及时改进。从表3—B中发现，晨间活动中，A幼儿只玩攀爬和踩高跷，说明他只喜欢这两项活动，说明其手部、腿部较有力量。每个孩子的选择都是不一样的。纵向看，发现孩子不喜欢投掷，投掷活动的难度及环境设计需要改进。另外，孩子一般是喜欢骑车的，但为什么在幼儿园不喜欢骑车？这就要考虑到环境，是否幼儿园的地面有问题？骑车是否难度太小或太大，不符合孩子的年龄特征？经过横向和纵向分析，才能得出全面、合理的结论，进而提出可行性的改进措施和教育策略，创设多种活动环境，激发幼儿参与体育活动的兴趣，养成锻炼身体的习惯。

案例4

图书区观察与分析

观察目的：图书区幼儿的活动状况。

观察内容：大班女孩的前书写能力。

观察方法：描述观察法。

观察记录：实况详录法。

观察结果分析：大班游戏活动时间，活动室里图书区设在“医院”的旁边，A女孩来到图书区玩，扮演买书的工作人员。她从书架上拿了一本《东郭先生和狼》，并拿了一张A4纸和一支记号笔，准备做特价图书的价目表（语言：知道文字表示一定的意义）。她先将书翻看了一遍，然后才开始写书封面的字（语言：愿意用图画和符号表现事物；艺术：用自己制作的美术作品布置游戏环境）。她先将封面上的字数了一遍“1，2，3，4，5”（语言：对文字符号感兴趣；科学：初步感知生活中数学的有用和有趣，发现生活中许多问题可以用数学的方法来解决，体验解决问题的乐趣），因为“狼”字是单独放在另一行的，在数的时候是没有把“狼”算进去的，且“狼”是艺术字体，不同于前面五个宋体。数完后画好框（语言：阅读与书写准备；有计划地规划文字空间），写了一笔，抬头很不耐烦地说：“哎呦，这边怎么这么吵啊？”（社会：与同伴友好交往）说完后低头将“东”写完，又抬头很不耐烦地说：“哎呦，我受不了医院了，方子琪，你们医院能不能安静一点啊，实在太吵了，实在太吵了！”（社会：能与同伴友好相处，会用商量的方式与同伴交往，表达自己的愿望）男孩说“好吧”，就走了。她边叹气边摇头，表示对医院的吵感到无奈。低头继续写，写完“郭”的左边，她发现“东”和“郭”这两个字挨得太近了，用铅笔比划了一下，继续写“郭”的右边。写完后，她在两个字之间画了一条竖线，表示这是两个字（语言：对文字的初步感知）。画完后，她用手将那条竖线抹了一下，似乎对这个很不满意。然后将纸翻过来看了一下。又翻回来说：“我写错了。”当写到“先”时，她最后写的是上面的竖，但是把竖延伸下来了（对文字的笔画顺序不清楚，这个字写错了）。写完这个后就写“和”，没有写“生”。她在后面写了一个0并开始扣笔帽，准备收工了。这时老师说“你数一下，你写了几个字啊？写全没有？”（教师及时介入，支持幼儿的学习。注重激发和保护幼儿的求知欲和学习兴趣）她认真地数自己写的字和书上的字，她数了两遍后指着“生”说：“哎呀，这个字没写。”因为她不认识字，就先数好“生”在第几个，然后在自己写的纸上用同样的方式数到4，将“生”补了上去。这时一个观察的老师过来指着“狼”问：“这是什么字啊？”她答道：“再写一个这个‘狼’，在中间写。”（语言：在绘画和游戏中做必要的书写准备）之后，在“狼”的旁边画了一只小鸟。观察的老师说：“画这个干什么呢？”她说：“那边画什么，这边就画什么。”并把《东郭先生和狼》这本书拿给老师看（语言：在绘画和游戏中做必要的书写准备）。

从以上结果与分析可以看出，这个观察记录的结果，主要涉及幼儿的语言领域的知识，同时也有科学、艺术、社会等领域的内容。

教育建议：(1) 为促进幼儿的学习和发展创造机会和条件，注重激发和保护幼儿的求知欲和学习兴趣，调动幼儿学习的积极性和主动性，独立、支持和引导幼儿主动探究和学习。为幼儿提供文字规范的图书，避免不同艺术字体对幼儿造成的干扰。

（2）尊重幼儿的学习方式和学习特点，在一日生活中，在与同伴和成人的交往中感知经验，分享合作，享受快乐。给幼儿充足的时间去尝试和体验借助文字和符号表达的乐趣。

（3）为入小学做准备，注重幼儿正确的坐姿和书写姿势、良好用眼卫生及习惯培养。

案例 5

游戏材料的使用

观察目的：活动区材料投放的依据。

观察内容：考察小班同类材料在不同区域中的运用。

观察方法：事件抽样观察法。

观察记录：自制表格记录，详见表 11。

表 11　同类材料在不同区域的使用情况记录表

区域 材料	角色区 餐厅家		表演区	手工区	建构区	其他
彩色纸条	装饰	头饰	裙子			
油泥	面食	元宵		塑泥		
纸板		围墙	化装间		隔板	

观察结果的解释与利用：《指南》明确指出，教师要充分利用各种自然、废旧材料和常见物品，让幼儿有更多机会参与制作活动。这里，教师需要考察什么样的材料才符合幼儿的兴趣和需要，游戏中所提供的材料在哪些区域发挥了作用，为今后投放材料提供依据。教师将材料投给活动中的孩子，观察孩子怎样使用这些材料以及孩子在不同区域操作材料的情况。从表 11 可以看出，不同区域的幼儿根据自己不同的需要，对纸条、油泥、纸板这三种材料的利用明显不同。因此，教师和家长应多给孩子提供各种废旧材料，促进孩子创造性地使用材料开展游戏活动。

《指南》的颁布，为幼儿今后学习及长远发展打好基础，提供了观察了解幼儿全面学习与发展的整体观念。要通过贯彻《指南》精神，学会科学观察幼儿，知道怎样设计科学观察的表格和观察工具，怎么把收集到的资料合理、全面、整体地进行分析，最后回归到教育实践中，提出合理建议，来帮助教师改善教育，促进孩子的发展。

参考文献：

1. 周兢、王坚红：《幼儿教育观察方法》，南京大学出版社，1990 年版。

2. 王坚红编:《学前儿童发展与教育科学研究方法》,人民教育出版社,1991 年版。
3. [美]WarrenRBentzen 著,于开莲等译:《观察儿童——儿童行为观察记录指南》,人民教育出版社,2009 年版。
4. [美]Doeothy. H. Chen 等著,马燕等译:《幼儿行为的观察与疾苦》(第五版),中国轻工业出版社,2013 年版。
5. [英]SheilaRiddall－Leech 著,潘月娟等译:《观察:走进儿童的世界》,北京师范大学出版社,2008 年版。

第九讲

运用《指南》做好家长工作

孔起英　吴邵萍

一、从理论层面解读，为什么要运用《指南》做好家长工作/孔起英

(一) 为什么要运用《指南》做好家长工作

从儿童的发展自身需求来说，家长是幼儿发展的重要他人。我们从人类发展生态学可以看到，儿童成长的微观环境包含了家庭、社区、幼儿园等方面。也就是说，家长是儿童成长的主要他人，许多研究都证明了这一点。因此，我们运用《指南》跟家长互动，对促进儿童的学习与发展是很有必要的。

从现实的方面来说，家长对儿童发展的认识还存在很多误区，他们的教育水平还有待提高。家长不是专业的教育工作者，但是从儿童的发展来讲，他们又非常重要，从这个意义上来说，我们需要提高家长对于儿童学习与发展的认识，形成科学的儿童观与教育观，同时也要提高他们教育孩子的水平。

从幼儿园和家长两个方面的特点来看，幼儿园在家园合作中处于主导地位。无疑，幼儿教师受过专门的训练，是专业的教育者。前苏联教育家马卡连柯说过，在儿童教育中，学校是领导者，必须领导家庭。因此，在幼儿园和家庭的合作中，幼儿园应该始终处于主导地位，发挥自己的专业特长，引导并联合家长形成教育合力，促进儿童的发展。

(二) 如何运用《指南》做好家长工作

1. 幼儿教师要树立运用《指南》做好家长工作的意识，有主动运用《指南》做好家长工作的主动性。这是作为主导地位者必须要有的态度。同时还必须积极发展对家庭教育的指导技能，具备指导家庭教育的能力。这种能力可以从多个方面来说：

(1) 认知层面。了解家长是家园沟通的前提。要了解家长的需求与希望，家长的性格类型，家长的教育观念和方法，家长的职业、文化水平、待人接物习惯，等等。

(2) 行为层面。沟通需要行动，行动需要技巧。教师应当具备与家长交流的技能技巧，例如：聆听的技巧；向不同类型的家长传达信息，特别是描述孩子行为、提出

建议或意见的技巧等。与家长面对面的交谈是最理想的沟通方式，以适合家长的态度、语言、表达方式以及顾及家长的观点、心情的谈话技巧都是重要的技巧。

(3) 情感层面。教师与家长的沟通是一种特殊的人与人的交流，其特殊性在于交流的双方都共同地爱着、关心着同一个孩子，为这个孩子而交流。因此，沟通是充满爱心、关心、热心、诚心、责任心的。正因如此，上述沟通的技能技巧决不是单纯的处事哲学或表面的“乖巧”，而是以教师对孩子的爱、对社会的高度责任感为动力，以理解、接纳、开放的态度为基础的。

2. 熟悉《指南》基本理念、各领域目标和典型表现的内涵，了解本班孩子及其家庭的实际情况。教师必须要对《指南》理解透彻，才能指导家长开展工作。这包括对《指南》的基本精神与主要理念的正确把握；对每个领域中子领域的每条目标导向的把握，以及这条目标是针对现实中所存在的问题及其危害性的把握；最后是对《指南》中不同年龄段的孩子在每个领域中典型表现的熟悉。

教师还需要了解孩子自身的发展特点与发展水平的整体情况，尤其关注孩子的个别差异，只有这样才能有的放矢地与家长沟通，形成教育合力。

3. 帮助家长学习如何运用《指南》了解情境中儿童的学习与发展，关注家长在理解和运用《指南》时容易产生的问题。

(1) 引导家长运用《指南》，关注儿童的生活情境。在幼儿园里，情境主要指教学活动情境、游戏活动情境、生活活动情境。而在家庭中，家庭生活就是幼儿的情境。儿童的学习与发展体现在每一个生活的情境中。比如孩子走路回家的途中，可以关注其身体健康方面的大肌肉运动；孩子回到家吃饭时，可以关注其小肌肉动作的发展与生活卫生习惯的养成；孩子与邻家小朋友玩耍时，可以关注其社会性领域社会交往态度与能力；而走亲戚时可以关注儿童的适应能力如何，等等。

(2) 关注家长在理解和运用《指南》时容易产生的问题。学习品质并不是单独存在的一个方面，它蕴含在《指南》的每一个领域中，并不是很容易看出来，但它对儿童的现在和将来的学习又是非常重要的方面。现实中很多家长只关心孩子的知识学习，容易忽略对孩子具有可持续发展价值的学习品质的养成。类似这种容易被忽略的问题，作为专业教育人员，我们有必要对家长进行指导，提醒家长关注这些容易忽略但对孩子发展非常重要的问题。

案例 1

如何观察幼儿的学习品质

家长可以从以下几方面进行观察：

- 观察孩子对自己所处的房间、教室等空间环境的反应，可以了解其好奇心的发展情况。

- 观察孩子所选择活动的类型，可以了解其有哪些方面的学习兴趣。
- 观察孩子参与活动的方式，可以了解其独立性如何。
- 观察孩子活动的程序，可以了解其做事的计划性如何。
- 观察孩子在很多活动中专心的情形，可以了解其专注性发展如何。
- 观察孩子克服困难的程度，可以了解其努力程度与坚持性发展如何。
- 观察孩子解决问题的方法，可以了解其创造性水平如何。

案例 2

观察幼儿绘画过程

- 是等着成人指示和指导去画画，还是受材料驱动开始画画？
- 看上去安静，还是比较激动或表现出不安？
- 在绘画过程中注意力集中还是分散？
- 是一拿到纸笔就开始画还是先想后画？
- 如果有干扰，幼儿的上述表现会发生变化吗？
- 很细心地描绘吗？
- 经常问你“这样画可以吗”？
- 表现得独立还是依赖别人？
- 在多大程度上需要外界的支持和帮助？
- 如果是小组活动，能与同伴分享材料、互相商量及提供帮助吗？
- 对工具材料感到好奇吗？
- 用不同的方式方法来使用这些工具与材料吗？
- 是怎么运用线条、色彩等艺术形式语言的？
- 动作能满足自己想画什么的需要吗？

现实中，很多家长只关注绘画的结果，即画出来没有和画得好不好，不太去关注画画过程中存在的对于孩子发展有价值的学习品质发展情况。所以针对这种情况，就需要我们运用《指南》中所提到的“重视幼儿的学习品质”这一实施原则，来引导家长关注绘画活动过程。通过这种观察，让家长了解儿童的绘画不仅涉及儿童艺术能力的发展，还可以了解儿童学习品质的发展。

4. 向家长示范如何运用《指南》中提出的教育建议。在《指南》各领域的每一条目标下，除了有不同年龄段孩子的典型表现外，还有针对不同年龄段儿童的教育建议。这个教育建议帮助教师和家长了解用什么样的方式来引导孩子学习，促进孩子发展。

这是需要教师引导家长学习的。

案例 3

小班体育活动

目标：双脚并拢，跳过横在地上的一个接一个的长条积木。

活动形式：以小组为单位比赛。

这个活动，一般家长只会注重在活动中给孩子加油和获胜后的表扬情况等，并不会关注到孩子发展的内在的方面，是所谓“外行看热闹”。这就需要用教师的专业性来引导非专业的家长，对家长进行示范，让家长清楚这个活动的重点在于关注孩子大肌肉发展、动作的协调性和平衡性等生理成长情况，学习“内行看门道”。这样孩子的发展就是一种在家长与幼儿园合作下的“1＋1＞2”的结果，对孩子的发展更加有利。所以要引导家长根据《指南》里有关儿童健康领域的学习与发展目标及儿童的典型表现来观察这一活动：

- 跳时是双脚并拢还是单脚跨？
- 跳过后是站稳还是站不稳？
- 跳过一条积木后，是接着跳下去还是要重新调整一下再跳？

同时，引导家长根据对自己孩子的观察的结果，学习《指南》中所提出的教育建议：

- 如果孩子是单脚跳，说明孩子腿部的大肌肉力量发展不够，可以在接送时多走路少坐车，让他自己上下楼等，锻炼其肌肉力量。
- 如果跳过去站不稳，左右摇晃，说明动作还欠协调，平衡不够，可以在日常生活中多沿着地面直线、路牙、田埂行走（年龄大一些的孩子可以玩跳房子、踢毽子、蒙眼走路、踩小高跷等游戏）。

二、从实践层面解读，如何运用《指南》做好家长工作/吴邵萍

作为幼儿园的园长，我从如何运用《指南》做好家长工作的角度，从实践层面，来跟大家分享一下我学习《指南》的体会。

（一）共同学习，共同成长

1. 引导需求，努力让家长也成为《指南》的阅读者和使用者

《指南》颁布以后，教师和一些家长的学习动力都是很足的，在《指南》试行稿刚颁布的时候，就有家长来问老师，《指南》是什么东西？询问老师是否会跟家长讲解。还有家长在《指南》颁布后，自己去网上下载，全文学习，而且是大班小朋友的家长——我们原以为大班的家长可能没有这个需求了，因为他们的孩子快要上小学了，他们可能更关注幼小衔接，所以没有这方面的需求——不对，大班家长也有需求。有大班家长跟老师说："老师，我已经全部学过了，你看了没有？找机会我们来分享。"这样一看，家长也有学习动力，希望得到《指南》的指导。

然而，这并不意味着所有家长都有这个需求，可能更多的家长还不知道有《指南》这个文件，他们更关注给孩子学一点汉语拼音，多识一点字，多做一点数学加法题，让孩子多弹一点钢琴——他们的注意力还集中在这个层面上。我们认为，不管是已经去学习《指南》的家长，还是还不知道有《指南》的家长，他们都有去学习《指南》的动力和需求。这一点在《指南》的"说明"里面也说得很清楚，它是指导幼儿园及家庭科学地实施保育和教育的。所以《指南》不是只针对幼儿园的，家长和老师都应该是阅读者和使用者，应该共同学习《指南》。

2. 专家引领，对照实例，帮助家长整体把握《指南》的精神和理念

一般情况下，幼儿园只会保证老师人手一本《指南》，但我作为幼儿园的管理者，觉得要想推进孩子更好地发展，就应该让家长也更好地学习、理解《指南》，所以我给全园家长每人发了一份。事实上有很多这样的情况：老师如果跟家长只在口头上进行一些交流，探讨一些问题，对家长而言只是听觉层面上的，很可能有些话在家长耳边一滑就过去了，不能给家长留下深刻印象。因此，我觉得家长也需要一个能拿在手上仔细学习和理解的文本，所以我们给全园每个家长都发了一本。

给家长发了一本是不是就可以了？家长是不是就学了？不一定。有的家长可能拿回家后就把它扔一边了，看都不看；有的家长可能觉得新鲜，就看一下，但是对《指南》的精神、理念到底掌握了多少？我们希望家长理解的东西他们理解了没有？我们无从得知。因此发给文本仅仅是第一步，是给家长一份资料而已。真正想让家长掌握，让家长真正参与进去，还需要有后续的工作，比如说专家讲座。于是我们就邀请参与《指南》制定的专家给我们做第一讲的主讲人，在专家讲的时候，每位家长人手一本《指南》，对照着文本看。专家逐章、逐条讲解，举了很多实例，家长听得非常专注，家长的内在需求就被调动起来了。

因为专家讲的实例和《指南》紧密配合，用实例来阐述《指南》的精神和理念，所以家长理解得比较透彻。听完讲座以后，我们还进行交流，家长的体会都比较深刻。比如："孩子的教育应贯穿于生活中的方方面面，幼儿的可塑性强，学习模仿多，家长的

言传身教不可忽视，平时的生活细节、生活琐事都会对幼儿产生影响，都是对幼儿的教育，是促进幼儿发展的良机。生活中多给幼儿提供机会、环境，这些直接经验是幼儿学习的基础。”这位家长不是学前教育的专业者，但是他的体会像专业者说出来的，直指内核。

有一位家长，很早就给孩子识字了，他听完专家的讲座以后，说：“我现在转变观念了，我知道了应当正确培养幼儿的阅读能力，以前我的观念就是单纯地教他认字，很机械，听了讲座后认识到，应当培养孩子阅读图画的能力，这样更能提高他的阅读兴趣。”这就是我们经常说的，学前儿童的阅读兴趣主要是读图，不是识字。很多家长以为阅读兴趣就是一下子识很多字，这是不对的，而是应该关注到图。我们曾经对孩子做过一个测查，让几个孩子拿一本没有讲过的故事书看，识字多的孩子就低头一个个地数着字，而画面上的色彩、人物动态、物品等信息，好像跟他都没有关系。所以说，这本图画书的其他信息对他而言都流失掉了，都没有起到应有的作用。但是不认字的孩子拿到这本图画书，是很开放很自由地讲：“太阳，红红的太阳。这边有鱼，很多的鱼……”我们说，这个孩子的阅读能力就比较强，他看到的所有画面信息对他而言都是有作用的。我们也曾经跟让孩子大量识字的家长讲这个道理，但家长不以为然，他不觉得有问题。但当专家讲解过《指南》以后，他就觉得很有触动了。为什么？这是权威，这是专家讲的，和幼儿园老师讲的效果不一样。所以这正说明了专家的引领很重要。

还有一个家长这样写道：“这次讲座让我理解了幼儿教育不仅是知识方面的，还分为健康、语言、社会、艺术等多方面的教育，而且每个方面在幼儿的不同年龄阶段有具体的发展水平，只有了解了每个方面各阶段的发展目标，按照教育建议去教育、引导幼儿，才能给幼儿的成长打好基础。”我们的家长，很多只关注孩子的认知方面，其他方面对他来说不重要。比如说到“健康”，家长关心的仅仅是孩子生不生病，对“健康”领域的其他方面，如卫生习惯、心理健康等，没有清晰的认识或认为不重要。还有很多家长认为“语言”重要，不认为“社会”重要，或者不认为“艺术”重要，总之只认为他自己认为的那个方面重要。但是通过对《指南》的学习，很多家长都改变了看法：“哦，原来学前教育还有五大领域啊。”觉得很新鲜。这也说明了科学的文件和专家的引领很重要。

还有一位家长在体会中说道：“我们家长在家庭生活当中，应当了解儿童的每个方面的细微之处，细节直接或间接地影响了幼儿其他方面的发展。不应该因为大人自身的喜好，使幼儿失去了其他方面的发展机会。”这个认识也很深刻。这位家长能反省到这个层面，说明《指南》已经发挥作用了。

3. 现场观摩，让家长真正发现问题，找准目标

从以上一些实例中我们可以看到，在提供文本、聆听解读后，家长思想上的一些明显的变化。然而，家长工作如果仅仅停留在这一步，是不是能说家长的观念真正转变了，对《指南》的精神能够正确理解了，能够在家里自然地实施《指南》、科学地育儿了？不可能。所以我们开展了另外的跟进活动，就是提供现场，请家长来观摩，帮助家长理解什么叫"生活中的教育""生活中学习""游戏中学习"，什么叫"孩子的直接经验很重要"，什么叫"个体差异"，等等。因为只通过一个文本或者一个事例是不够的，对家长而言，具体操作还是有很大的问题。我们幼儿园要切切实实地帮助家长学会在日常生活中关注自己的孩子，去跟孩子进行有效交流，所以我们提供了现场，开展了不同年龄班的教学观摩与研讨活动。这次参加观摩的不是任课老师，不是我们的同行，也不是专家，而是家长。

活动是这样进行的：每个班的家长拿着观摩表观看老师给孩子上课的情景。观摩表是按照"在一个活动中家长应观察什么"的思路来设计的，列出"第一环节家长观察什么""第二环节家长观察什么""孩子是什么样的表现"等条目，目的就是引领家长怎么去观察孩子。观摩课结束后，我们把每个班的家长分成 3 个小组，每组成员在 7 人到 10 人，并安排一位小组长带领大家讨论：今天看了活动后，发现孩子的表现哪些是跟我的期望一样的，哪些我觉得是有问题的，问题的原因是什么，哪些是落实了《指南》的精神……就这样让家长逐一讨论。最后汇总问题，跟老师集中讨论对策。

我们在中班举办了一个音乐律动《包饺子》。首先在"三八节"请妈妈们来园跟孩子共同包饺子，分享节日的快乐。家长在包的时候，孩子也参与了全过程，看怎样和面，怎样擀饺皮，怎样放馅包好，然后将饺子下到锅里，让孩子观察水开了以后饺子那种翻腾的状态，包括一浇冷水饺子一下子不动，而后慢慢又翻腾起来的那种状态……

这个活动之后，就组织了律动活动，通过分角色表演和律动来表现"包饺子"主题。每个小朋友先做和面、擀饺皮等动作，扮演包饺子的人；到后来孩子们自己就变成"饺子"，跳到"锅"里去。应该说，孩子在之前有了直接的生活经验，到这一次的音乐课上只是把生活中的经验转化到动作上，然后再和音乐匹配。然而在这个过程中家长就发现，孩子与孩子之间有很大的差异，有的表现得很好，有些孩子就不尽如人意。

很多家长十分困惑：我的孩子怎么不发言呢？为什么有的孩子表演得非常形象，能模仿煮开的饺子那样舞动身体，而我的孩子根本就不会呢？家长们讨论的结果是："要有创造首先要有生活经验，他必须要知道饺子是什么样子的，放进锅里是什么样的，煮开的时候又是什么样。只有有了这些经验，他才能在课堂上去表达和模仿。"困惑的家长明白了，有的是因为孩子在包饺子的那天没有来园，有的是因为在家里没有类似经验，孩子只经历过那一次活动，在那次活动中开小差了，观察得不仔细，记忆不

牢，所以他就没办法反应。孩子没有经验，就没有办法创造，就不能用他的肢体动作来表现。还有的家长这样讲："原来生活中的内容也是学习内容，以后我们知道了，家里包饺子、煮饺子要带着孩子一起做。"这就是一个很生动的"生活中学习"的例子。通过这个现场观摩，给家长带来的感触是很深刻的。

如上所述，我们就是通过这样三个环节，来达到教师和家长共同学习、理解《指南》精神，共同成长，从而在家庭和幼儿园中一起开展科学的保育和教育的。

（二）运用《指南》，指导家长

我们知道，《指南》是非常具体的，从每个年龄阶段的目标，到每一条目标后的教育建议，都有很强的可操作性。有文化的家长只要有心去阅读，都能从中找到指导孩子的策略。幼儿园该怎样善用这个文本？既然我们发给家长每人一本《指南》，我们就要发挥它的作用，切实提高家长的科学育儿观念，切实指导他们具体的育儿行为。

1. 要发挥《指南》的科学权威效应

年轻教师在与家长们沟通时，有时候是很无奈的，因为家长们往往不太认同年轻教师的教育理念、教育策略和方法。《指南》颁布后，情况就不一样了。因为《指南》是联合国相关组织和我国教育部共同的研究项目和研究成果，具有权威性和科学性。我们把《指南》中的教育目标和教育建议拿出来跟家长对话，家长是服它的。

例如，《指南》中有一条，要求3—4岁小班的孩子"连续看电视不超过15分钟"，这一条就对两类家长管用。一类是从来不给孩子看电视的家长，他们的理由是："干吗给孩子看电视啊？伤了孩子的眼睛。"这其实是一种极端。在这个数字化时代，不让孩子接触这一类东西是不合理的，因为电视也是开发儿童智力、让儿童获得信息的一个载体和渠道。有了《指南》后，老师就可以对家长说："看是可以看的，只不过小班的孩子不要连续看超过15分钟。"这样讲家长是会理解的。还有一类家长整天让孩子看电视，玩ipad、手机等，理由是："电视、ipad、网络上很多信息、软件，是开发儿童智力的，我家孩子很多知识都是从里面学的，为什么不给他看啊?"他为了让孩子掌握更多的知识量而牺牲了孩子其他方面的健康发展，孩子视力下降了，长期的人机对话导致孩子与外界的交流少，社会性的发展受到严重阻碍，对孩子的长远发展将产生非常大的影响。所以如果年轻教师把权威的《指南》拿出来跟这一类家长谈，家长也是会接受的。

2. 要发挥《指南》的工具书和"宝典"效应

《指南》与之前的《规程》和《教育指导纲要》有很大的不同，它具有可操作性，尤其是每一个目标之后的教育建议，非常具体。我们有些年轻教师尚且没有那么多的方法，不知道有这么多的载体和渠道来展开教育，那么我们何不把它作为“宝典”和工具书，同时提供给家长呢？我们有些年轻老师跟家长交流，家长向他提问题时就跟家长说：“你去看那一章里面后面的教育建议，看过以后我们再来讨论。”有些家长看完后就不来讨论了，因为他已经明白问题是什么，该怎么办了。

有的孩子不爱运动，没有养成锻炼的习惯。家长会说：“我们家长就不爱动，所以孩子天生就爱静，不爱动。”是不是这样呢？不是的，其实孩子天生就爱运动，不爱动就不叫儿童了，只是家长不知道怎样去培养孩子运动的习惯。《指南》中相关的教育建议里面写得很清楚：“为幼儿准备多种体育活动材料，鼓励他选择自己喜欢的材料开展活动。”这里面总有一种孩子喜欢的吧？孩子看到有喜欢的材料了，就参加运动了。这是一个非常具体的策略。另外，孩子爱不爱运动，是受成人影响的，所以在这个目标下的教育建议的第二点就讲，要“经常和幼儿一起在户外运动和游戏”。对啊，有的时候孩子就是希望和爸爸妈妈一道到外面玩耍，这个时候成人如果很乐意陪伴或者成人经常主动带孩子出门活动，良好的习惯就在不知不觉中影响了孩子，孩子就喜欢运动了。《指南》还提出要“鼓励幼儿和同伴一起开展体育活动”，如果家长经常把孩子带到外面，和小朋友一起玩，这也是参加运动。还有“和幼儿一起观看体育比赛或有关体育赛事的电视节目，培养他对体育活动的兴趣”。体育赛事很多，家长经常看，孩子也经常看，看了以后他懂了，理解了，就想像一个球星一样去踢球、打羽毛球、打乒乓球，或者去玩呼啦圈。竞技体育运动节目可以看，电视娱乐节目中也有很多体育活动，家长如果带孩子一起看，都是一种正面的影响。《指南》中的方法真是具体可操作，所以应当发挥《指南》的“宝典”效应和工具书效应，让家长多去翻阅《指南》文本，把它当成口袋书一样，有问题就去查。

三、持续互动，深化理解

对《指南》精神的贯彻和执行不是一蹴而就的，不是通过一次学习、一次讲座、一次现场观摩，家长就能够完全领会的。要将对它的精神的领会转为自觉的科学的教育行为，是一个长期的过程，绝不是我们短期内就能够达到的，需要幼儿园、教师和家长持续互动，特别是要针对家长在教育儿童过程中产生的具体问题和在家庭情景中产生的困惑，来展开后续的跟进性的研讨和互动，这样才能够帮助家长理解《指南》的价值和意义。

案例 1

在“语言”领域，有一条对 4—5 岁中班孩子的教育目标：“能基本完整地讲述自己的所见所闻和所经历的事情。”有位家长，以前非常关注孩子的人际交往能力以及数学能力的发展，她看了《指南》后觉得语言能力也很重要，就对照目标一条一条阅读，阅读后就回家实践。她觉得其他的要求孩子都能达到，唯独这一条达不到，她说：“我叫他每天回家都要讲他在幼儿园里的事情，讲我跟他一起在外时的经历。原本他的语言虽不完整、不连贯，但他还愿意讲。而我现在要求他讲完整时，孩子一讲就结巴，更谈不上完整了。”孩子甚至说：“烦死了，你还能不要我讲啊？”

的确，这是一个值得探讨的问题。第一，你每天让他讲，作为一个正常的成人，也会觉得很烦。如果要让孩子讲，就要让孩子自觉自愿地去讲。像这样每天问他，每天都让他讲，凡事都让他讲，而且还要讲完整，就把孩子讲的欲望和激情都扼杀掉、抑制住了。所以，判断孩子是不是能基本完整地讲述他的所见所闻，要先看他是否自己说“妈妈妈妈我告诉你一件事……”然后再看他说这件事的时候是不是完整。第二，孩子说的事情是不是他自己亲历的事情？是他的直接经验，还是转述别人的话？如果是孩子转述的话，那流失的信息就会很多。第三，家长让孩子讲他的所见所闻，家长得在观察过程中给予一定的指导，孩子得有五官的参与，听、闻、看、嗅，或者亲手去触摸，才能获得直接经验。老师带孩子出去找春天，要问孩子：“哪里有春天啊？”孩子回答：“有绿的地方。”再问：“哪里有绿啊？”小朋友说：“这里有，这里有。”问：“那小草是什么样的？”“一点点的绿。”问：“小草长高了没有？”孩子会亲自去比较小草长高了没有，他和自己比：“小草现在连我的鞋子高都没有。”“小草到我的小腿肚子了。”“小草到我的膝盖了。”……这样他才能够说得很丰富。如果家长带孩子出去玩了一圈却没有做引导，也没有让孩子充分利用各种感官去观察事物，他怎么能说得丰富呢？因为孩子还不具备自主、充分地利用自己的五官去观察、了解、认识事物的能力，必然需要家长的引导。此外，还需要特别注意的是，这是《指南》要求 4—5 岁幼儿在中班期末的时候达到的目标，可不是对刚上中班的目标。如果孩子刚刚升入中班，就拿这一条来要求孩子，也是不恰当的。我们在学习《指南》的标准时，要认识到是合理标准、合理期望，家长要仔细阅读，加以区分，明白这条标准具体是哪个年龄阶段所要求达到的。同时我们还跟家长讲，虽然《指南》是经过内容效度和年龄效度检验的，里面的要求大部分儿童可以达到，但并不代表每个儿童在那个阶段都能达成，每个孩子的发展和发展的方面不是全部匀速前进、全面开花的。有的孩子可能在体育方面的动作能力远远高于其他孩子，有的孩子可能语言水平发展很好，可能你的孩子其他方面都超前达到了，唯独语言连贯表述的能力没有在这个年龄阶段达到，作为家长应该耐心地等待，而不是急于求成。《指南》本身也指出每个儿童是有差异的，不能对所有幼儿都是一个标准、一个尺度。

从上面这个事例可以看出，单是一条目标，老师跟家长之间，就需要有那么多的方面去交流、分享，都值得这么细致地解读，可见，对《指南》后续的跟进工作方面，老师们要做的还很多很多。

案例 2

一名大班的孩子叫豆豆，跟别的孩子在一起玩的时候总说别的孩子傻，因此其他孩子都不愿跟他玩。豆豆的家长学了《指南》后，又听到老师们讲：幼小衔接不仅仅是知识的衔接，还有社会性的衔接，孩子到小学以后是要交朋友的，小学的课间活动很多都是和好朋友一起玩，孩子们在一起自主地玩，如果在一个群体中大家都不愿意跟你玩，是一件很糟糕的事。所以这位家长很焦虑。他问老师："'关心、尊重他人'怎么来培养呢？我们家长也跟豆豆讲，要学会交朋友，要跟人家好好相处，几乎天天讲，但是豆豆依然没有朋友，依然和别人处不好。"

这说明这位家长知道《指南》中有这个标准，但是不知道怎么去做，老师就教给家长一个办法。

这一天，豆豆跟 3 个孩子一起玩，豆豆对其中一个孩子说："你连《三国》都不懂，你是个傻子。"别的孩子不高兴了。家长就这样对豆豆说："哦，你《三国》懂得很多，可是他科学懂得很多，来，你讲个科学或者科学家的故事给他听听，看他知道不知道。"豆豆说："科学家，我不知道哎。"另一个小朋友是学古筝的，家长又对豆豆说："古筝的事情，你讲给他听听呢。"豆豆也不懂。就这样，家长接连问豆豆不懂的知识，最后豆豆不耐烦了，说："哦，各有所长，各有所长。"

经过这件事，家长明白了："哦，原来是这样引导的。原先我只告诉他要尊重别人，关心别人。"是啊，没有老师的支招，家长只是讲这些口头上的概念，孩子是不能真正理解的。

因此，在"关心、尊重别人"这个社会领域的目标中，家长在具体实施的时候，关键的一个方法是要善于教会孩子发现每个人的不一样，引导孩子了解别人的长项、优点。作为家长，如果从小就给孩子这样的意识，给孩子这样的引导，那么对孩子终身可持续发展都是有利的，孩子在小学、中学就能很好地和同伴交往，工作后就能处理好人际关系，融入群体，为他人着想。

当然，这位家长在"关心、尊重他人"方面得到了较好的方法，但可能在其他方面还会产生疑问，老师需要继续跟进。

案例 3

一位中班孩子的家长，看到“健康”领域里面的身高标准“4—5 岁女孩身高 99.9—118.9 厘米”，他想：糟了，我家孩子只有 98 厘米，不就是不正常了吗？于是就很焦虑，很纠结。家长的焦虑传导到孩子身上，造成这个孩子对“身高”话题异常敏感，听见老师说别的孩子“呀，你长高了”，她就把头低下去，因为她抱了这个“病”，甚至影响到这个孩子的语言能力和其他方面的能力。

我们老师赶紧给家长疏导：首先，儿童的个体差异是非常大的，儿童的身体生长发育受到很多因素的影响，每个儿童生长的快速期是不一样的。然后老师就举例子，说幼儿园里的某某老师的孩子，在幼儿园期间家长也很着急，结果到了初中以后，一下长到 1.78 米。这就说明个人的生长期是不一样的，有的孩子是先长，在幼儿园期间就长得很高，有的孩子是在小学阶段长得很高，有的是到初中长得高。因为现在很多家庭只有一个孩子，家长不知道这么多个体情况，所以老师让他了解。其次，孩子的生长受到各种因素的影响，遗传也起一部分作用的，如果孩子的父母亲长得都不高，那孩子的身高肯定受影响。即便如此，我们还要给家长信心，不能让家长觉得没有希望，孩子以后就一定很矮。也不一定。如果营养给足了，多运动，也会长高的。可以举日本民族身高增加的例子给家长以信心。再次，老师还详细了解了孩子身高的具体情况，问家长：“你的孩子一年当中长了几厘米?”家长说：“长了 6 厘米。”老师说：“告诉你，这就是正常的。因为我们咨询过儿保专家，只要孩子每年增长 5 厘米，就说明还在增长，就是正常的。”家长听到这里，心里一块石头落了地。

从这个案例，我生出一些感慨：教育部制定《指南》，是为了引导家长的合理期望的，给家长带来了很大的正面的效应，但引导不好，也容易产生“负面”效应。消除“负面”效应，需要老师加强与家长互动，跟进家长的养育、教育实践。这给老师提出了很高的要求。上述实例中的这位老师，在和家长进行交流的时候，是有很多的专业知识来支撑他的话语的，否则就没办法给家长以信心。因此，教师的专业知识非常重要，教师的持续跟进也很重要，这个事例更说明了对《指南》精神的把握不是一件简单的事情。

案例 4

《指南》在“艺术”领域教育建议里说要“创造机会和条件，支持幼儿自发的艺术表现和创造”。有位家长看了以后很受启发，就回家开辟了一面墙，准备了很多材料，让孩子想画的时候就画。问题接踵而来。这个孩子是小班年龄，他通常是拿到纸就画，对纸张不加选择，也不考虑构图的问题——因为小班的孩子是动作思维，在创作方面没有改进的冲动，没有改进的内在需要——家长拿到画之后，一看，画得很好，很兴奋，但看到画纸，很不满意，因为是一张废纸，于是要求孩子再画一张。孩子不干："我不要画了！"但是家长非要他画，而且不画完不准吃饭。就这样，原本是创造机会培养孩子的艺术创造力，让孩子萌发对艺术的兴趣的，结果是不画完家长不让孩子吃饭，家长和孩子较上了劲。

于是家长找到老师，老师这样分析：小班儿童的注意力集中时间短，兴趣持续时间也短，小班儿童还处在动作思维阶段，他做动作的时候很有兴趣，停留之后让他再去修改，通常是不会成功的。小班孩子的第一张画和第二张画无论是色彩、用笔，还是物品形象，都要相差很多。老师不但要分析，还要给家长策略：如果实在想把孩子的画展览出来，就把作品剪下来，然后再用一张纸把画贴上去，就像裱画一样，然后再展览。这样，既鼓励了儿童——你看你的画多漂亮，我给你展览出来——也进一步激发了孩子表现的兴趣。应该想办法持续激发孩子的兴趣，而不是降低或消减它。这位家长说："哦，还是你们老师的方法对，原来还有这样的方法可以把孩子的作品保留住。"老师继续跟她说："其实不裱也没关系，因为重要的是孩子乐于表现、大胆表现，所以家长不要在这幅作品漂亮与否、完美与否上过于较真、纠结，重要的是过程。"家长彻底明白了。

从这个例子我们仍然可以看出，《指南》的落实是复杂的事，不是一件简单的事。

案例 5

《指南》在"人际交往"教育建议中有一条："鼓励幼儿参加小朋友的游戏，邀请小朋友到家里玩，感受有朋友一起玩的快乐。"有家长看了之后说："我家孩子不喜欢和小朋友玩，这下我有办法了，我把小朋友喊过来。"就喊了一群小朋友到她家里去，结果家里面鸡犬不宁、哭哭闹闹。这位家长就跟老师抱怨："唉，《指南》上面不是写的吗，邀请小朋友到家里玩，可是家里面这么多小朋友我没办法招架了。小朋友拿他的玩具，抢他的东西，两个人甚至还打起来了，我孩子更不愿意和朋友玩了。老师，这怎么办？"

老师这样分析："刚开始，不能一下子请很多小朋友，因为你的孩子不善于和别的孩子在一起玩，缺乏人际交往的兴趣和策略，小朋友太多他招架不住，必然起到适得其反的作用，这是一。第二，你请了很多小朋友到家里，这些小朋友的个人发展水平、人际交往水平各不相同，他们之间也会产生矛盾，这不仅对你的孩子发展不利，对其他孩子的发展也不利。正确的方法是：刚开始邀请一个比你家孩子稍大一点，能够关心他，或是会谦让他人的小朋友到你家里来。当孩子喜欢同伴，交往经验逐渐丰富，成功的概率有所提高并掌握一定的交往技能以后，再逐步增加小朋友的人数，逐步增加他与交往对象相处的难度，比如和他同龄的，或是比他小的，或跟他性格反差较大的、比较强势的孩子等。如果这孩子一来就抢东西，怎么能和你孩子友好相处？”家长说：“原来光‘邀请同伴’就有这么多的学问在里面啊！”

幼儿教育的学问很深。因为很多家庭只有一个孩子，家长的专业知识和专业经验原本就不多，他们看到文本怎样写就怎样去做，在做的过程中必然会产生很多的问题。现实中，教师在引导幼儿学会人际交往方面有很多策略，因此教师一定要在家长发生各种问题的时候持续跟进，帮助家长化解疑惑。要了解家长在实践《指南》精神方面遇到了哪些问题。尤其是每个家长遇到不同的问题时，特别希望老师能给他有针对性的指导。如果只是在会上给家长笼统地讲“人际交往”应该怎么做，要先怎样后怎样，就没有针对性，家长的学习动机必定不强。所以只有老师持续跟进，跟家长持续互动，才能帮助家长深化对《指南》的理解。

我的心得体会是：家庭、幼儿园要想科学地实施育儿观念，实践科学育儿行为，不是一件简单的事情，不是短期内能达成的。这需要老师和家长携手共进，需要我们双方做出更多的努力，才能最有效地推进孩子更适宜地向前发展。